catch

catch your eyes ; catch your heart ; catch your mind……

catch 174
去京都學散步

作者/攝影　季子弘
責任編輯　繆沛倫
美術設計　IF OFFICE / www.if-office.com
法律顧問　全理法律事務所董安丹律師
出版者　大塊文化出版股份有限公司
台北市105南京東路四段25號11樓
www.locuspublishing.com
讀者服務專線　0800-006689
TEL　(02)87123898
FAX　(02)87123897
郵撥帳號　18955675
戶名　大塊文化出版股份有限公司

總經銷　大和書報圖書股份有限公司
地址　新北市新莊區五工五路2號
TEL　(02)89902588 (代表號)
FAX　(02)22901658
製版　瑞豐實業股份有限公司
定價　新台幣320元
初版一刷　2011年3月

Printed in Taiwan

去京都學散步

我在京都巷弄裡，邊迷路，邊學習

前前後後去過京都四次，第一次的印象很模糊，直到第二次拜訪後，才發現京都原來不只是京都人居住的城市，她其實像是一間淳久堂書店旗艦店。書店裡各式書籍分門別類，樣式齊全，活脫脫就是一座中型規模的公立圖書館，關於京都人一輩子所有的生活知識，全都鉅細靡遺地收藏在這間書店裡。

穿梭京都街頭，從一条通、二条通……一直逛到十条通，猶如走在書店裡整齊排列的每行書櫃間，從雜誌區、生活雜貨、歷史小說、自然生活、流行時尚、醫療保健到神怪故事類，一條路就是一類書系，一類書系類裡又包含許多種馬上用得到或暫時用不到的知識。在京都走路的時候我喜歡邊走邊停邊拍，雖然和搭巴士比較起來費力許多，但放慢速度前進的好處是，可以看到很多當地人習以爲常的生活片段。也因爲喜歡這樣四處亂走的旅行方式，當然事前幾乎不會做任何功課，同行的女友對於這點十分頭大，所以很感謝她願意陪我在京都街頭裡偶爾迷路。我阿Q地說：「在京都很適合迷路呢！」爲了證明這個論點完全正確，揮揮手中剛從淳久堂書店買的《京都の迷い方》，書中邀請了五十個名人來寫京都讓人感到意亂情迷的獨特魅力，我翻書的同時輕聲和女友說：「在京都就算不小心迷路了也不錯喔！」

來到京都，每天都在學習或模仿當地人的日常生活習慣，因爲要學的東西實在太多，京都人的生活千變萬化，我只好乖乖緊跟在他們的腳步，才能發現眞正屬於這裡的生活小知識。在我眼裡，京都像是一座豐富活潑的小學堂，不過老師和同學都放假去了，沒有人站在講台上教課或報告讀書心得。只有我安安靜靜地走在校園裡，開心地參加一個人的返校日。

PS 能完成本書，特別感謝父母親對我從事寫作工作長期以來的支持，也謝謝女友康妮於採訪期間協助日文翻譯，更感謝大塊出版社給了我這麼寶貴的機會。希望我圖文底下描述的京都，能有幸在各位心中開出一朵名爲「啊，這就是京都呀」的溫暖小花。

目次

第一章

去京都走走

才到關西機場，關於京都的嚮往已經排山倒海而來。搭上直達古都的はるか特急快車，隔海之遙的京都想念，七十六分鐘後就能呼吸到盼望已久的鴨川水流氣味。海報、站牌、車票、廣播和手中地圖上出現的「京都」，交織著車窗外急閃而過的風景，時間一點一滴，京都純度指數向上累積，所有一切的行爲，都在全神貫注地凝聚一股況味十足的京氣氛。

一之一

那些可愛的

日本人善於喬裝可愛，光從演歌跳舞那套就知道。所有廣告都有自己的吉祥物或小口號，資深演員也照喊不誤。在日本生活實在很苦悶，吃飯只能選擇壽司、丼飯或拉麵，所以什麼都裝點可愛，心情和日子才會好過些。

人老了，心情就該可愛點，人也會看起來更可愛。散步京都，不難發現許多可愛的東西，雖然有些年紀上身，kawaii依舊。

那些可愛的，隨手可得，簡單的幸福也手到擒來。這很重要，如果大環境是苦的，小細節就應該是甜的；隨時都讓人想嚐一口，抿抿嘴，就有好滋味進到味蕾。說是苦中作樂也行，至少還找得到出口，小小的就足夠。

看著籠子裡和籠子外的動物，彼此保持一點距離，牠看你你看牠，這個片刻是可愛的。京都街頭除了流浪狗之外，貓、鴿子、烏鴉、鴨子、蜘蛛或壁虎都有機會偶然相遇，我珍惜和牠們的一面之緣，甚至羨慕牠們早已是京都的一分子。

毛虫注意
タケノホソクロバ

銀閣寺道
京漬物 小松

7		4	1
		5	2
8		6	3

1.二年坂紀念品店門上的烏鴉暖帘，看起來十分可愛。 2.四条通巷弄牆上路過的小黑貓。 3.先斗町上一間店外的迎賓小物，讓人一看就覺得好涼快。4.路邊可愛的小標語。 5.銀閣寺旁的漬物店logo。 6.鴨川邊悠悠哉哉的水鴨們。 7.jizo堂的小陶作花器。 8.京都街頭上的櫻花計程車，搭上一定會有好事發生。

一之二

老味的

有些東西是老的好。

可以看出相對眞實的價值和意義，或許是年齡，或許是感情。站在巨人的肩膀上看世界，可以望見天涯海角；走在京都的街道上遍地尋找，可以發現天荒地老。銅柱、字雕、木匾、老鐘、竹籬、紙傘、舊枝……舉目便能看見，連找都不用，滿眼都是。

來京都是一種熱身，人過了三十歲以後就踏上一場馬拉松長征，需要足夠的熱身準備。什麼東西加上個老，都有了分量。人如果能老，可以走路有風，喊水會結凍，坐捷運小伙子會讓坐，重陽節也得騰出時間來過。其實還不錯。老了，多了被人們重視的機會，猶如將熄的燭光，依舊能夠照亮黑暗的全場。

店
1-2444
横断禁止
わたるな

竹工芸品
竹松
尾上
☎07

古味，摩登，香的，臭的，都是京都。

京都人比東京人驕傲，至少多點藝妓滿街跑。這是我印象中的京都，反差大到猶如黑白，猶如地球兩極。任意門的發源應該來自於此，往來古今，門前門後而已。京都的地鐵並不發達，所以巴士很多；台灣鄉下的公車並不發達，所以機車很多。巴士一輛可載客卅位左右，機車五貼已是極限；相較之下，京都的空氣清新多了，可以自由自在大口呼吸。

京都的吃，極其慎重。湯豆腐、京菓子、鰻魚飯、宇治茶、抹茶冰……還有很多很多。我因爲不是美食主義者，所以只記得這些；忙著吃下肚的同時，竟也忘了拍照留念。對於京都美食這點，我只能深深鞠躬，感到抱歉。所有的味道和感動，都留在我這身大大的肚皮裡，任由時間緩緩蠕動，慢慢消化。

舒國治先生說，他是京都的門外漢，而我，是站在更遠處看著門外漢的那個路人甲。我倆都在門外，看著京都變著千年把戲，百看不膩。我印象中的京都，不算熱情，也絕不冷漠，有點欲言又止的味道。我也不打算多開口，就走著，捶捶大腿，繼續走著。

伴侶，是旅行的重點，我一個人，所以我是重點。

我是重點？好久沒聽到這樣誠懇又不油膩的讚美。繁瑣的日常生活，總是讓目標變得既多卻也模糊；抓到重點，然後生活，可能會快樂很多。

一個人逛著京都老街，卻思索著如數學般的小哲學邏輯。吃飽閒著沒事做，那看看人可以解膩去油。京都是座古老城市，路人的行爲也跟著傳統起來。不是老派喔，是一種堅持對的過往生活習慣。打扮還是青春無敵，但內心，渴望每天聽到神社的老鐘聲。

我想跳舞，隨便拉一個路人作伴；就算是演歌作爲伴奏，也可以起舞，哼哼跳跳，盡情亂舞。路人繼續走著，我也時前時後，跟著或帶路。別走丟了，我是重點，很重要的。

日本小朋友

廿六年前的事，我是小學生了，和媽媽揮手說再見，然後大哭。這段太過煽情的回憶，可能有點失眞，印象中我應該沒哭才對。記憶最深的，是學校裡每天都有提供的牛奶、麵包和營養午餐，我吃得不多不少，但有時候還是會偷看隔壁同學他們帶的便當，有炸雞腿呢，可惡！

哈囉，日本小朋友，今天出來玩啊！早餐吃過了嗎？應該是媽媽準備的飯糰加味噌湯吧！午餐呢？包包裡該不會有梅子飯便當或海苔壽司吧？說不定等下老師大發慈悲，帶你們全班去吃麥當勞，可以開心地和喜歡的同學一起吃漢堡和薯條，聽起來都讓人很羨慕呢！

好喜歡你們戴的那頂藍色小帽子，有點小大人的感覺，天氣熱的時候，脖子也能遮得到就不怕曬黑了。想起以前戴過的橘色小帽，軟軟皺皺，帽沿還摺成尖尖，這樣很帥喔，不過我卻總是把襪子穿得很高，看起來確實有點傻裡傻氣。廿六年後，你們會變成怎麼樣的人呢？穿著西裝或窄裙套裝，奔波在地鐵、公司、客戶和自己家之間，一整天都「はい！」「はい！」「はい！」地鞠躬哈腰，沒完沒了，只為了圖個溫飽。或是可以像我這樣，偶爾偷跑出來旅行散步，雖然是在工作，但還是故意假扮成悠閒的觀光客。

總之，都還是好遠的事，今天天氣真好，不如還是開開心心地玩吧！

天下沒有白吃的午餐，京都就有，還是在藝妓往來如織的祇園。

這位老伯，想必經常來到這間小神社光顧，動作顯得十分熟練。先是若無其事慢慢走進裡面，假裝祭拜，瞄瞄看今天有啥好菜色；然後低頭用餘光觀察四周，準備好的塑膠袋就放在藏於背後的右手。

動手了！大好機會絕不錯失，先從容喝口酒，再俐落裝走祭壇上所有食物。完事，一走了之，手中那袋「借」來的食物彷彿剛從超市買回來。大家都知道是老伯幹的好事，卻也都假裝沒事發生，祇園清幽氣氛如昔依舊。神愛世人，要吃自便別客氣。老伯的心裡應該也知道，借吃一餐，來日雙手合十作為奉還。一個樂施，一個虔誠，你情我願，合作愉快，歡迎明天再來！

有時想想，京都街頭隨處可見的小小神社，其實說不定也肩負這種照顧弱勢階層的責任。有錢的人貢獻祭品，獲得每日心靈上的平安；沒飯吃的人借討一餐，感謝神，感謝好心人。這麼說來，也算是社會的良善面，一種好的循環。可惜我手中只有相機一台，就算想要樂施什麼也沒辦法。但願今天還有其他好心人，帶點好吃的食物來這裡祭拜，不需要大魚大肉或百年好酒，粗茶淡飯、麵包餅乾就足夠。我想老伯求的不多，每天每天，但能溫飽就好。

紅鞋女孩

錯過一次又一次的搭訕機會。想不到來了日本，還是像在台灣一樣的有色無膽。她在拍照，我在拍她，她回過頭，我撇過頭。然後她往回走，我假裝調整相機而低頭沒動。以爲就這樣再見了，緣分又在寺外的巴士站牌發生。她走在前頭，我回過神才突然看到她的紅鞋，她停在地圖案內（案內爲導覽牌的意思。）前，歪頭迷惑，我從她身後經過，隱約聞到輕輕的金色髮香。

「May I help you？（我可以幫妳嗎？）」英文我也會說，卻什麼都塞在口中。她剛好轉頭看我，嘴巴微微動著；我卻刻意看天，嘴巴緊緊閉著，始終沒有笑容。她不得不轉身走了，我只能看著她紅鞋踢踏遠離，以爲又要告別了，經過了十分鐘，她早消失了。我落寞走著，走著，突然一個彎口，又看見了紅鞋竄出……她準備要過馬路，我卻選擇往另一個方向繼續前進。

遠遠地，看她上了巴士，遠遠地，開始對自己生氣。

我期待遇到一百%的完美路人甲

曾經在大學的時候跟了一位死黨同遊日本，卻沒想到這竟然是我和他最後一次的出遊，回到台灣後，不知爲何地斷絕了彼此的往來關係。那次不開心的經驗，讓我決定以後的旅行同伴，不是女友或老婆，就是自己一個人。畢竟有時候跟了不對盤的朋友一起出遊，可能會覺得擦身而過的路人看起來還比較順眼些。

其實大多時候我眞的是喜歡觀察那些擦身而過的路人，更多時候是邊走邊拿起相機偷拍。偷拍路人是日本街拍大師森山大道常幹的事，同樣的，我也很喜歡偷拍路人後心裡頭產生的刺激快感和些許罪惡感。尤其喜歡拍一種畫面，就是一群學生或朋友正在拍攝團體照，我總會把拍照的人和被拍的小團體一起拍進我的相機裡。某種意義來說，我是在蒐集這群人合影留念的歡樂氣氛，但事實上，有趣的地方當然不只如此。如果再仔細研究這些團體照裡埋藏的細節，總能發現其中一兩位臉上的表情，並非和其他同伴一樣開心，合照的當下，他們心裡正苦惱著：「這場無聊的旅行究竟何時才要結束呀！」

我喜歡拍攝這種團體合照的畫面，然後雞蛋裡挑骨頭似地找出那一兩

位心不在焉的人，回想著當年還是高中生的自己，也曾經那樣不開心地假笑著。

還有一種路人總是隨時知道有人正在偷拍他，每當我快速拿起相機假裝看著右邊，鏡頭卻對著左邊的目標慌張地按下快門。拍完後檢查照片，果然發現那個人正抬頭看著鏡頭，眼神帶著不安、懷疑和一點惱怒情緒。但我喜歡這樣的照片，有種間接四目相交的曖昧感，雖然對方可能眞的對我這般偷拍行爲感到不悅，但在這一刻，我們之間隱約建立了某種短暫的友誼關係。

曾經，我很喜歡坐在咖啡店裡看著窗外走過的路人，一直看一直看，其實更算是爲了打發時間而無所事事的發呆。現在反而喜歡主動出擊，盡量擠在人群之中，假裝自己是位觀光客大叔，什麼都感到好奇地拿起相機四處亂拍。其實，相機鏡頭正精準地對著某個我看中的路人甲，等到距離夠近了就立刻按下快門。如果被發現了，我會試著先向對方點頭微笑，通常這樣就能驚險過關。如果幸運沒被發現，我會更貪心多拍幾張不同構圖的畫面，因爲對我來說，理想的路人甲猶如完美的旅行伴侶，同樣是可遇不可求的意外收穫，遇到了就別輕易錯過！

說說京都人的貼心

京都人眞貼心，讓我忍不住想娶個京都女生進門，只可惜語言不通。但京都人厲害的地方在於，就算是語言不通，還是能夠感受到他們的處處貼心。

先說指標好了，一個鼓勵旅行的國家，各種指標一定得做清楚。京都街道上隨處可見「XX案內」，裡頭擺有各式地圖、交通或好玩好吃的資訊，案內所大都設置在車站旁，不會讓遊客一出站就感覺迷惘失措。超市入口前的提籃一定斜放45度，整齊劃一，方便顧客拿取。找零錢的時候，一手找錢，一手會放在你接錢那隻手的正下方，絕不讓錢不小心掉落，當然更不會直接就把錢撒在桌上。

還有界線圍欄這件事，經常可以在街上看到許多工程正在進行，只要是工地，一定就有圍欄確實封隔，不影響一般人車的權利。圍欄出入口也會站定一名管理員，人先過，車再出，井然有序。除此之外，連清潔工具都會用鍊欄封圍，放在一旁也不覺礙眼。安藤忠雄設計的陶板名畫之庭裡的玻璃圍牆，牆前地面鋪設一條淺溝，遊客一旦走近圍牆，腳下就會先感覺到變化，提醒別離圍牆太近，注意安全。這種設計不需要貼張明顯突兀的告示，破壞空間美感，卻一樣能達到清楚的提醒效果。

走在京都，隨時可以察覺這種小小的貼心，有時是不自覺的，事後回想起來才發現原來又是京都人表裡如一的用心和細心。

第二章

日文課

儘管不諳日文，連五十音都拼得零零落落，我仍把握在京都讀書的快樂時光。讀街上的招牌，讀與中文意義不盡相同的各種漢字，讀一間位在安靜社區裡的書店，讀一所好心人踏實經營的私設圖書館。發揮一點想像力，五塊招牌可以湊成一句話，再看五天招牌就能寫出一篇關於京都消費生活的街頭散文。好鳥枝頭皆朋友，落花流水亦文章，書寫京都文學，談笑風生中就能獻上一篇理想佳作。

坂本龍馬物語
坂本龍馬物語
イヌ
おとしぶみ

二之一

京都的街頭文學

日文中的漢字，含意貼切，精準程度時常勝過中文。應該說，眼看漢字，腦子馬上聯結到圖片庫，心中跟著浮現出相對應的畫面來。圖像化思考，不知道是不是日本人的強項，從漫畫、廣告、標誌、吉祥物到A片，總能讓人跳過文字繁瑣的解釋，看了便會心一笑（或心跳加速）。

Words of Kyoto

在京都街頭看到了一堆字體秀美的漢字，忍不住想學習宋代的畢昇，窮極一生，蒐集活字一疊。我的方式不是躲進鉛字房，終日埋首篆刻和整理私家珍藏。只是拿出相機，看到什麼拍什麼，喜歡的漢字馬上拍下；覺得勉強不錯的，還是先拍了再說，記憶卡就是我的超級文字庫。喜歡看漢字的原因，在於書寫文字的書法體。書法是最能表現出漢字力度和美感的字體，過度設計感的黑體、明體、圓體或少女體，都不如講究永字八法的毛筆一撇一捺，帥勁揮毫！

走在京都，突然發現文字是活的。走在京都，好像在翻閱書聖的字帖。走在京都，自嘆不多念點古文眞是不該。走在京都，像是王羲之作伴，陪我磨墨練筆。那天，自顧自在京都街上看著各式各樣的招牌，有點看了上癮。今天，繼續扮演畢昇，尋找我的活字，等待印刷字版上的豐收盈滿。

特別喜歡日文裡的「珈琲」，比起「咖啡」更有味道，一看就聞得到豆子香氣。開始想像：虹吸式壺裡的水直往上衝去，慢慢積滿，然後一滴滴流出咖啡來。「老闆，來一杯藍山吧！」我心裡闊氣地想著。可惜今天沒有多餘的預算可以走進咖啡館，早上在飯店喝過免費的美式咖啡，味道當然沒得比，淡得像水一樣，只能靠著一包又一包的糖和奶精勉強撐場面。不過對我來說，喝咖啡只是一種儀式或氣氛，喝了一杯，今天的生活自然美好。習慣了每天這般規律行爲，就不是隨便用茶或豆漿便能夠輕易取代咖

床
姉 妹
麻 雀
Swan.
SHAVE ICE
氷

	4	1
7	5	2
	6	3

1.路邊不知名的有趣招牌。 2.清水寺內賣宇治金時冰的小舖掛旗。 3.某個招牌上很有質感的立體木雕字。 4.先斗町上提供川床服務的店家小告示。 5.祇園街頭上的電子遊戲間招牌。 6.八坂神社旁知名的柚子屋旅館招牌。 7.清水坂附近店家的燈籠。

啡的神聖地位了。咖啡有助排便，這不僅對身體有益，對改善腐爛的心情也有好處。

這天打算徒步走到銀閣寺去，繼續尋找和蒐集心中理想的活字。要走多遠？翻開地圖一看，簡單算算，大約也有卅五公里左右。途中，爲了避免身體可能過分缺鹽缺水，所以買了一大罐運動飲料，邊走邊喝。一邊走路的同時，一邊用相機拍下沿路出現喜歡的文字：珈琲、駐輪場、good life、麻雀、銀閣寺、鹽……組合起來不見得有共同的意義，但背後卻都有屬於自己的小世界和小故事。

文字之所以產生意義，除了單字，還有句子。這趟旅行，我就像是一個單字，辛辛苦苦地徒步穿梭街頭，蒐集其他喜歡的單字，期待能夠串聯拼湊出許多完整描繪京都的美好句子。

Sign of Kyoto

每天早上九點準時離開房間，開始散步遊逛。心情總是不錯，就算天色灰濛有雨，腳下依舊輕盈。頭和眼神始終左右移晃，九點還太早，眞正的美女還沒起床出門，我在尋找的，是充滿所有京都街巷的有趣招牌。

日本人眞的愛做招牌，什麼事，標清楚再說！不過絕非標了就好，怎麼標才好看，對於熱愛面子的京都人來說當然重要。我喜歡看這些招牌的字體，有漢字、日文還有英文。有夠力度的，夠古味的，夠彰顯自身性格的，怎麼看都好看。如果再認眞研究一下，會發現這些招牌少有用貼字處理，多是用畫的、刻的或印的，相對來說，做起來自然費時又麻煩。但在京都人眼中，招牌代表一種門面，一種精神，做事情不是貪圖方便就好。多花點心思在自己的招牌上，也對於路人、店鋪以及自己多點尊重。

京都的街頭比飯店裡的電視節目還好看，有了這些各自美麗的大小招牌可看，實在來不及察覺腳下的痠麻，沒有懷疑及抱怨地不停走著。邊走邊笑，左顧右盼。突然覺得，對於京都，其實自己也是個sign。千年歲數以上的京都，老邁不是她唯一形象，我們這些整天對著她驚呼讚美的旅人，千百種誇張而充滿讚嘆的表情，只要一個不漏地拼湊起來，正是現在京都的正確模樣。

喜歡在京都看招牌的嗜好，不知道跟大學時念廣告是否有關？吸引我的招牌，大多是立體設計而非只貼卡典西德，單純貼字的招牌與其說樸

銀閣寺道
千枚漬

3	1
4	2

1.銀閣寺旁的漬物店招牌，看起來也很有歲月了。 2.某間咖啡店的石雕小招牌，搭配旁邊的原木條眞好看。 3.花見小路裡的高級料理亭招牌，四方體設計很有質感。 4.自行車店外手寫的服務告示牌，讓人對老闆的技術很有信心。

實，不如說太無趣又偷懶。更可怕的是那種統一規格的招牌，完全扼殺創意。京都的招牌不只立體還很討喜，每個都像是嘴裡有話想說的樣子：

超大的醃漬木桶，光是看到，嘴裡就發酸，拚命吞口水。

白烏鴉停在黑紗布上，啊啊啊地叫著，聽著聽著就入迷。

手繪印章圖案有些褪色，但相信蓋出來的圖案肯定清晰。

誇張大鏡框，眞想配一副，度數再深我想都能看得清楚。

藍彩鰻魚，好像剛從海中撈起，忍不住嘴裡的饞，想吃。

以貓作爲設計的藝品店，喵喵地引著客人，溫暖又神祕。

洋服的醫院，不管家裡西裝有什麼問題，這裡一次搞定。

食物彩繪插畫，讓人食指大動，光看肚子就先飽了一半。

一座城市，如果連招牌都讓人覺得有趣，那大概也沒什麼好挑剔了。就算雜亂無章，就算沒有制式規格，就算各做各的，如果心中還有基本的美感也就夠了，自然就很美。看著京都街頭上的sign，沒有必要卻又容易地想起西子灣商圈那排經過規劃而統一製作的招牌：賣海之冰的、賣燒肉粽的、賣烤魷魚的，連7-11也都不得不屈服這種招牌設計。好看嗎？醜死了，我說，眞的醜死了。嚴肅點說，政府管好自己就好，別管人民太多。看看不被拘束的京都人多有創意，用色多麼豐富，隨手一動就是經典。好的城市是自律的，人口就算多到爆炸也沒關係，過馬路時，車子依舊禮讓行人，行人彼此少有碰撞。這道理跟生育率太高沒有關係，跟想太少有關，如果政府能多想點，人民就不太會吃虧。

京都裡有趣的sign，像是聚寶盆般，越看越多，越是仔細看，越是意猶未盡。大家喜歡看，搞創意的人自然源源不絕，這座城市自然能吸引大家來玩。所以每一塊小而平常的招牌，正是一座城市力拚觀光的祕密武器。京都人深諳此道，總是把每塊招牌都弄得如此美麗，弄得旅人流連觀賞，捨不得走。

二之一

可以悠哉看書的惠文社

我對於以任何「社」結尾的公司行號情有獨鍾，像是林暐哲音樂社、人民公社、XX株式會社、墨裳企業社（我之前開的公司）和這間位在京都一乘寺的惠文社，每一間都懷有濃濃的好感。好像可以想像得到，不管什麼時候，在這間公司裡面都至少會有三到五名認眞的員工，正在努力做著老闆交付的事，儘管再辛苦，臉上完全沒有任何埋怨的表情。

花了不少時間和走過許多冤枉路才找到這間惠文社。其中還動用一群國中生幫忙帶路，我指著列印出來的惠文社簡介，加強語氣指著「惠文社」三字，希望這群國中生中有人可以看得懂。還好終於有人點了點頭，並且熱心地吆喝其他同伴一起幫忙帶路。我走路，他們騎單車，速度故意放得很慢，讓我可以快步跟上。

終於找到了。向國中生們道了謝，他們反而有點不好意思地笑笑離開。沒想到惠文社就在一棟約五、六層高的大公寓一樓，整個一樓門面都給惠文社佔去，店有二個入口，右邊進去是生活雜貨店，左邊進去是散發濃濃書香的書店。違反我平常第一次去新店一定走大門的奇怪原則，我從右邊比較小的店門進入這間可愛溫馨的惠文社。

現在回想起來，已經忘了店內有沒有放音樂，我想應該有，只是忘了播放哪種風格的音樂。幾乎沒有人交談，氣氛很舒服，也不至於令人過度小心，就是可以很自在地在各種手作雜貨商品間輕鬆閒逛。這裡販賣很多卡片、杯盤碗碟、小裝飾品，還有一些我想像不到有什麼用途的小東西。其實「用途」這種說法本來也沒個標準答案，像我就是那種習慣亂用的人。家裡用的窗簾其實是IKEA的萬用毯，廢紙簍當成垃圾桶在用，還有爺爺留下的矮凳變成花架。說得好聽點，我似乎賦予這些東西另一種功能（或生命）呢！所以我想惠文社裡賣的生活雜貨，應該也沒有單純的固定用途，杯盤可以不裝水果食物而放蠟燭，卡片因爲一時想不到要寄給哪個遠方的好友，所以先拿來遮掩房間牆上脫漆已久的壁癌。希望哪天靈機一動，又能幫這些東西想到其他有趣的新用途。

雜貨店和書店其實彼此相連。如同村上春樹在書裡常用的轉折點一樣，我意外發現了這個有點神奇卻很可愛的公開祕密。當然這絕對不是什麼祕密，大家都知道，我也不會是最後一個才知道的人。穿過連結通道，來到隔壁的書店，好像偷偷摸摸從後門鑽進鄰居家一樣的刺激。我心底默默演了這場戲，其他人呢？還是安安靜靜挑著自己喜歡的書，有人隨手翻了幾頁，有人倒是開始坐在地上，打算好好認眞看書了。

這麼悠閒又有氣質的空間，你問我會像是誠品給人的感覺嗎？某部分來說是，但如果只是這樣，那惠文社可就太平凡無趣了。她有誠品的閒逸氣質，但沒有誠品略嫌矯作的菁英文化。多了點品東西味道的書櫃和傢俬，一張老書桌上刻意（看起來卻像隨意）放了幾本書，讓人忍不住想在一盞復古的綠色銀行燈下，拿起書來慢慢閱讀。空間裡，還有一點台北蘑菇咖啡店的味道，手作風格就像傍晚時候從家家戶戶廚房裡傳出的飯菜香，怎麼藏也藏不住地飄進心裡，肚子馬上跟著飢腸轆轆起來。因爲不懂日文，所以只能把精神花在感受空間的美好上，就像在逛一間不太有名的私人美術館，沒有震驚世人的鎮館之寶，但展出的東西都是主人私藏的絕品好物，有自己的故事，自己的解讀和意義，主人說它好，客人也跟著拍手叫好。

逛了大約一小時後，腳步也移往門外，這扇嚴格說起來才是大門的門，我卻用反方向的方式開啓了它。剛走出來，一位打扮素雅的女大生正好要進來，側身讓開她，同時聞到她身上的清香，可能是某種牌子的香水，但請原諒我說不出是哪個牌子，總之是種和惠文社這個空間相當搭配的迷人香味。

BLUE 2
600 Black Spots
MARINA
POP-UP

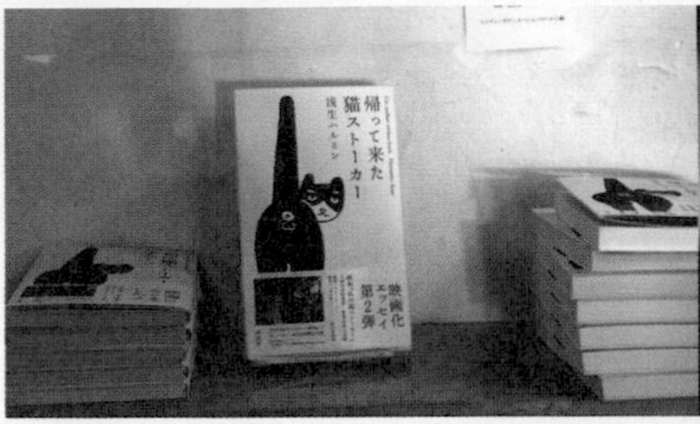

惠文社 一乘寺店

☼ 10:00-22:00 ☎ 075-711-5919 〒 京都市左京區一乘寺払殿町 10 ⚲ 搭乘叡山電鐵至「一乘寺站」下車，步行約10分鐘即可到達。

二之三

無與倫比的私設圖書館

如果說あんず（anzu）小姐的自創曲CD是我在京都買到最好的禮物，這間位在北白川銀閣寺道上的私設圖書館，就是我在京都發現最值得一來再來的景點了。二年前就發現到這間圖書館，當時曾鼓起勇氣走進去，詢問店員方不方便拍照，還特別強調我是從台灣來的，想拍一張照片留作紀念。可愛和藹的店員先很誠懇地聆聽完我的陳述後，然後笑笑舉起雙手在胸前比了個大X：「很抱歉呀，請不要打擾正在用功讀書的人喔！」她嘴裡不說，誇張的肢體語言完全傳達清楚。

兩年前的殘念，這次終於讓我一圓美夢，就在停留京都的最後一晚，我和女友說：「快，我們去那間圖書館看書吧，這次沒去我眞的會恨死自己！」她對我所撂下的狠話一臉狐疑，不過因爲聽到是間圖書館，愛看書的她還是開心地跟著我一起搭上巴士往目的地前進。圖書館的位置就在巴士銀閣寺道站旁，二層樓的白色建築，一樓和二樓的牆上都吊掛了古典歐風的鍛造招牌，乾淨素雅地印上「私設圖書館」五個書法體大字。「太迷人了，光看這個招牌就值回票價啦！」對於我的誇張反應，女友的回應是：「再不進去，你就沒剩多少時間可以看書啦！」

招呼我們的是一位像是大學生的女生，我不記得和前年遇到的是不是同一位店員，但這次再來早就擬定好一份縝密的「圖書館偷拍計畫」。我一臉嚴肅地伸出兩根手指跟店員比出「兩位，謝謝」，她指著一塊插了好幾根彩色圖釘的座位表板上，要我們選出想要坐的位子。我刻意選擇角落的座位，因為這個角度才能偷拍到整座空間而不會被人發現。圖書館內部佈置極為典雅，白牆上釘了很多長壁櫃，全都裝滿了看起來有些年紀的舊書。座位區就像K書中心，每人都有用隔板隔出的獨立座位，空間裡只聽到沙沙的翻書聲和按計算機的聲音，完全沒有人彼此交談。

我們坐下後，計畫開始。首先我先走到後方的廁所，沿途順便觀察可以偷拍的最佳角度。廁所必須從一樓閱讀區後方打開一扇門才能到達，打開門後馬上有讓我驚喜的發現，門後有另一區閱讀小角落。那裡除了擺放很多漫畫之外，還有一台熱水機，我看到兩個年輕人正一手吃著泡麵，一手專注翻著厚厚的漫畫書。廁所旁邊就是通往二樓的階梯，好奇地上樓看了環境，二樓空間的高度較低，氣氛也顯得更為肅靜。坐在裡頭看書的人，似乎都是這間圖書館的老主顧，從他們看我這個菜鳥新生的納悶表情就能察覺出來。

整體環境都觀察完畢後，我在回到座位的途中早就神不知鬼不覺地按了好幾次快門，每按一次心頭又驚又喜，好像在偷取情報單位裡的祕密檔案，不過成功得手後眞是開心呀！再回到座位，才眞正要開始好好看書，書是剛從淳久堂買來的，其實就算自己不帶書，這裡提供的各式書籍也夠我看一整晚了。雖然整體的感覺像是一般常見的K書中心，但安靜的氣氛和陳列出夠分量的書報雜誌，果然是間麻雀雖小、五臟俱全的圖書館。我開心地看著自己的書，偶爾換到旁邊的沙發區翻翻幾本過期雜誌，趁著店員不注意的空檔，趕緊再按幾下快門。這間圖書館之所以讓我如此著迷的原因，除了氣氛良好和提供豐富書籍外，超吸引人的價格更讓我覺得與它相見恨晚。使用兩小時，每個人只需要二五〇元日幣，外加贈送一杯熱咖啡或熱紅茶，如此親切的價格和貼心服務，要我待上一整天都沒問題。更貼心的是，館方就是知道大家都想在這裡待上很長的時間，所以還開放讀者可以自己帶食物入內食用。吃飽喝足後，繼續讀書，對於計畫長期抗戰的考生而言，眞是佛心來的讀書空間。

圖書館外頭就是北白川步道，沿著一直走就能到銀閣寺和哲學之道，京都大學離這裡也不遠，搭公車只有兩站。對我來說，光是在這附近散步、拍照和讀書，就能開心享受一整天超滿足的快樂時光。如果朋友問起我在京都最喜歡哪間咖啡店，以現在回想起來還沉醉在當時開心讀書氣氛的我，肯定會不假思索地拍胸脯回答：「那當然是北白川的私設圖書館囉！」

私設圖書館
SHISETSU·TOSHOKAN
SHISETSU·TOSHOKAN
私設圖書館

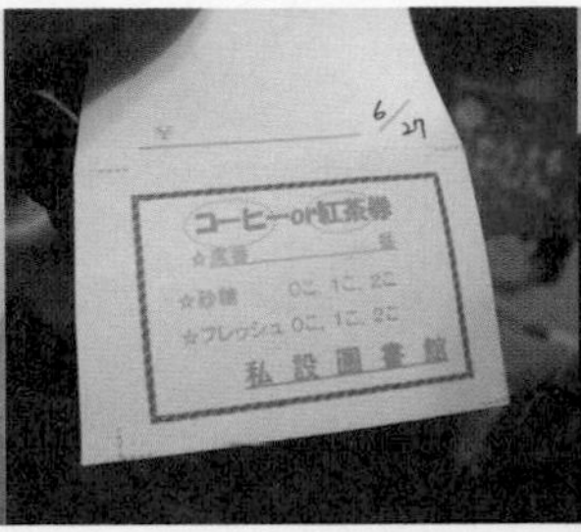

私設圖書館

☼ 09:00-24:00（星期五休館）　¥ 二小時內每人250日圓，全天850日圓（附一杯熱飲）

☎ 075-771-4957　〒 京都市左京區銀閣寺道市バス停留所南西角　⚲ 搭乘市巴士至「銀閣寺道站」下車，步行1分鐘即可到達。

第三章

自然課

一天之中，我最喜歡坐在出柳町附近的鴨川畔，眼睛看著藍天，鼻子聞著水草味，嘴裡哼哼唱唱，耳朵聆聽流過雙腳的水聲。腳底流過的鴨川水十分冰涼，拿起相機抓拍川中鴨子鼓翅的瞬間，河的兩岸還有那些花花綠綠的美麗植物等著入鏡，光是一條鴨川，就蘊含整座京都的大自然生態。我繼續順著鴨用的水流，拍下一張張照片，紀錄我在京都的自然生活。

三之一

其實很好玩的京都市動物園

參觀動物園原本不在這趟京都行的計畫裡，不過本來也就沒有什麼計畫可言，只是有天去南禪寺吃湯豆腐的時候，巴士剛好經過動物園前，我才想起原來京都也有座動物園。京都有動物園當然並不奇怪，而且這座動物園還是僅次於東京上野動物園，全日本歷史第二悠久的動物園。剛好某天女友說她想去逛舊書店，我沒打算跟著去，所以決定自己跑去京都動物園看看。

以前對於動物園就有一種莫名的好感，小時候住的高雄左營，那裡有座壽山動物園。長大後搬到台北念大學，母校世新不遠處就是木柵動物園。生命中的幾個重要階段，似乎都與動物園有點關係，雖然說這樣的關係連結有些牽強，不過我真的很喜歡動物園這特別親人可愛的機構。

京都動物園位在很安靜的地區，一下巴士，就能感受到這裡和京都其他地方不同的氣氛，似乎有點「這裡也算是京都嗎」的淡淡懷疑。老舊的動物園早就不是觀光客來京都會想要參觀的景點，不要說是B咖，可能排到第十三個字母以後都有可能。不過對於當地人來說，這裡就像是隨時來散步順便看看動物也不錯的小公園，我還沒進門，就看到一位外籍老師帶著一群幼稚園小朋友準備入園參觀，後頭還排著幾位看起來很開心的年輕高校女生。

動物園的佔地雖不算太大，但認眞逛起來也要一個小時以上，倒是這裡的動物都顯得特別自在，好像眞的生活在自己原本的成長環境。順著參觀路線，會先看到兩隻體型巨大的長頸鹿，透過鐵絲網看著鹿上的斑紋，紋路顯得特別立體，色彩也變得非常鮮豔。我站在鐵絲網前看了長頸鹿好久，突然覺得長頸鹿眞是一種極爲美麗的動物，這種感覺和後來看到的斑馬類似，原來動物肉體上浮現的紋路眞的會讓人看到入迷，各國傳統原始部落族人熱愛紋身的習慣，我想也是因爲這種愛美的原因吧！

除了長頸鹿之外，動物園裡還有超活潑的大猩猩和懶洋洋的老虎，倒是在室內的夜行性動物館裡看到了可愛的烏龜和一些不知名動物。雖然都算是很常見的動物，也沒有貓熊和無尾熊做爲動物園的鎭園之寶，但這些動物卻具有鄰家感十足的親和力，讓我願意用最慢的速度走在園區裡，好好和牠們共度短暫的相處時光。和其他動物園一樣，這裡也有賣店和茶水鋪，不過生意極差，有間賣麵的小店在中午時間完全沒有人用餐，參觀的人寧願買條土司邊看動物邊吃，我想並不是麵店消費太高的原因，而是大家似乎都想多花時間和園區動物好好相處，吃飯這種麻煩事，如果啃幾片土司就能解決，何苦費時慢慢吃麵浪費時間呢！

動物園裡的商店生意並不好，連戶外區的座椅大部分都相當老舊，許多區域都在進行修繕工程，我看到一張寫著「新京都市動物園構想」的公告，裡頭是關於改造動物園的期待與願景。對於外地遊客來說，京都市動物園絕非旅遊的首選景點，但在京都人心目中，這座已經一〇七年的老動物園還是有種不可取代的地位。如果有機會能幫它改造翻新，對於迷戀古老的京都人來說，承載百年老歷史的新京都市動物園，肯定又是另一個讓京都人感到驕傲的公共空間。

離開動物園前，我想想自己最喜歡裡面什麼動物？長頸鹿是第一名，第二名則是長得十分討喜的駱馬。在飼養駱馬的圍欄上貼了一張海報，寫著駱馬是園區裡療癒系動物中排名第一的動物，受歡迎的原因主要是那雙水汪汪的迷人大眼睛。我趕緊盯著牠們的眼睛看，不知不覺自然開始笑了。這神奇的療癒力讓我立刻決定把駱馬在心中的最愛動物排名，直接竄升到第二名的位置。如果哪天駱馬身上也出現美麗的紋路，第一名的寶位我倒是可以考慮讓給駱馬坐坐喔！

京都市動物園

☼ 09:00-17:00（星期一休園）　¥ 一般600日圓，中學生以下免費　☎ 075-771-0210

〒 京都府京都市左京区岡崎法勝寺町　⊖ 搭乘市巴士至「動物園前站」下車，步行10分鐘即可到達。

三之二
京都植物的近觀察心得

綠了。

那是一位香港作家朋友的小說作品，也是她的英文名。受到她的影響，我對於綠也開始感到好奇且有些好感。與其說綠這種顏色極富生命力，不如說光是看綠，眼底就只有綠。不像看著藍色，心情還會憂鬱，還會多想起什麼跟藍色無關的閒雜瑣事。活在當下，看綠就行。

類似於母親的角色扮演，她就是那樣緊緊抱住妳，一方面得到安慰溫暖，一方面哪裡也去不了，就窩著，安靜窩著。滿眼的綠，裡頭藏著豐富或單純的什麼，鳥兒昆蟲、看報老人、魚肚白天空，還有正在拍著綠的我。綠，是如此包容的顏色，綠，就是綠，也不會因爲和紅色相遇就成了狗臭響屁。

說到與綠有關的植物和花草，我理解的程度實在太低，但如果長得可愛的，倒是會忍不住多看兩眼。臨入花綠之叢，開始慌張了，每樣都叫不出名字，一旦遇到有人問我那是什麼花什麼樹，嘴裡開始支支吾吾，表情逐漸發糗。

京都的綠蔭多，在綠蔭之下，又藏了其他可愛的小東西。一邊散步一邊看植物，花花草草果然讓人多慮，沒法專心思考一件事，東拉西扯，從吃喝拉撒想到人的一生。本以爲自己沒那麼容易受惑上當，儘管樣貌再怎麼婀娜多姿，我努力心如止水；話是這樣說，腳步倒是爲了這些美麗的小東西不禁停下好幾次。

每樣都是小小的，不是大放厥詞的美麗，是小家碧玉的可愛。小小地點綴在沿途經過的每條靜謐道路。例如一落牽著木板牆蔓延的綠藤，搭配土褐色的底牆，這畫面眞是好看。京都的禪意全在這兒了，我還沒認眞修行，道理卻已了然於胸。哲人說：「萬物自然皆導師。」沒錯。那是零的位置，一切都從這裡開始，然後慢慢演化及改變。

走在京都，看到的顏色大多是綠，鋪天蓋地而多變的綠。倒是像這樣能偶爾看到一些其他花色入眼，也頗有消除疲勞的神效。我不貪心，只看了幾眼就轉過頭去，繼續專心走路。這樣很好，趁著眼睛還沒昏花之前，得先試著靜心。靜下了心，路才能大開而豁然蔓延，腳步自然恢復輕盈。

我說這些花花綠綠的呀，藏在你們身後，還有許多的小小祕密呢！

我和女友各自愛拍的青苔

二年前自己一個人到京都旅行，偶然在八坂神社和哲學之道拍了幾張青苔的照片，從此以後開始對於日本的青苔很有好感。不像小時候和爸媽去爬山，他們總是提醒我要注意腳下那些會害人滑倒的青苔，青苔在日本反倒成了讓人願意多看幾眼的討喜植物，尤其是在神社裡的苔更是受到尊敬。

京都裡的神社何其多，就那麼剛好有座名爲「苔寺」的西芳寺，裡頭滿眼滿腳下都是各種不同品種的苔，活像一座青苔博物館。很想去苔寺參拜這些青苔，卻可惜太多額外的行程讓我始終沒有緣分可以造訪。吵著和女友說：「最後一天不要去血拼啦，我們一起去苔寺看青苔好不好？」最後當然還是沒有去。我們選擇在四条河原町附近感受最後一天的京都氣氛，聊表安慰的是，我看到了一台駛往苔寺的京都巴士。

我把這個小小的遺憾留在下次拜訪京都時實現，倒是在這幾天裡只要一看到路上或牆上的青苔，毫不猶豫拿出相機猛拍。拍攝的地點從飯店剛走出來的柳小路，到銀閣寺、金閣寺、南禪寺、清水寺，一路拍到遙遠的鞍馬寺，與其說我去參拜神社，不如說單純是爲了這些毛茸茸的青苔而來。記得在倉敷的本町地區發現過一間名爲蟲文庫的獨立小書店，老闆娘是位花了大把時間認眞從事研究的青苔迷，店裡還有賣簡單的青苔觀察組合包。組合包裡最重要的工具就是放大鏡，當時嫌貴沒有買，這次來到京都想要好好觀察青苔時就開始後悔了。還好買了一台新相機，近拍的功能還不錯，把相機當作放大鏡來用，我終於能夠開始享受在京都看苔拍苔的樂趣了。

上網查了資料，比起日本人愛苔的癡狂程度，中國只有一位南北朝的詩人沈約寫了一首《詠青苔》，聊表對於青苔的一點感觸：

緣階已漠漠，泛水復綿綿；微根如欲斷，輕絲似更聯。
長風隱細草，深堂沒綺錢；縈郁無人贈，葳蕤徒可憐。

我還不至於對著青苔吟詩作對，只是很佩服和欣賞它們生長的地方。

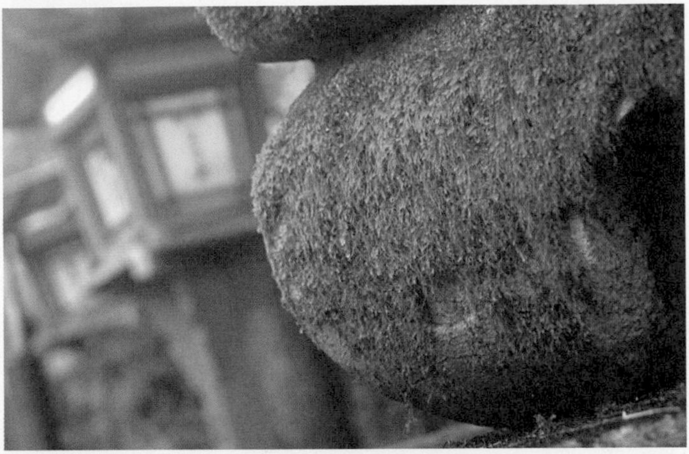

苔寺裡的青苔種類有一百二十多種，不過眞正精彩的是，青苔附著生長的地方肯定不只一百二十種。八坂神社夜明燈座上也長，金閣寺的庭院地表上也長，南禪寺裡的琵琶湖疏水道遺址上照長不誤，哲學之道的小橋自然也有，連鞍馬寺的水溝鐵蓋上都有青苔蔓延的痕跡。苔就像藤蔓一樣，哪裡有空間就往哪裡擴散，不過苔的蔓延方式只是傳統的平面2D，不像藤蔓3D空間的誇張擴散勢力範圍。這正是青苔可愛的地方，它的高度比草還低，卻能夠像貓一樣從地面移動到樹上、牆上或是鳥居簷頂，而始終能維持安安靜靜的優雅姿態。

我繼續游走在京都的各大神社裡，不管下雨或天晴，只要能看到可愛的苔，毫不猶豫地先拍再說。原本就很喜歡植物的女友，也開始跟著我認眞拍起青苔來，我的拍法喜歡在畫面裡帶進周遭的風景作爲背景說明，她卻不以爲然地說：「這眞是討厭的職業病啊！」我好奇搶過她的相機，她拍的青苔果然沒有任何前景或背景，也有幾張失焦而顯得模糊不清，不過拍的全都眞的是青苔本身而已。

連一休和尚都說讚的京野菜

京都這座城市，本身就是一個國際知名品牌。在這間大公司旗下，有很多暢銷商品，其中最受歡迎也最平民化的人氣產品就是到處可見的京野菜。把蔬菜說成野菜，已經夠有渲染力了，再套上個「京」字樣，就像是在包裝盒上烙上一層「京」的燙金，閃閃發光，明亮動人。

當然這也可能是京都政府刻意打造出來的一種宣傳手法，所謂的京野菜就是在京都府境內生產的蔬菜農產，傳統的京野菜總類有四十一種，較為人知的有聖護院蕪菁、九条大蔥、堀川牛蒡、加茂茄子和金時紅蘿蔔。只要沿著錦市場一路逛下去，幾乎所有的野菜都看得到也吃得到，就像一本立體的京野菜型錄，邊走邊吃就能認識所有的京野菜品種了。我特別喜歡京野菜裡的加茂茄子，圓滾滾的體態實在太可愛，只要加了味噌一起烤，就能吃到超美味的烤茄子。有時眞的會忍不住想買一顆茄子帶回台灣，當作桌前裝飾品都好，一看到胖嘟嘟的茄子，馬上就覺得十分開心。

在京都不只是錦市場可以看到琳瑯滿目的京野菜，大街小巷弄裡的店家食堂門前，老闆也會刻意用竹籃或木箱裝著飽滿新鮮的京野菜，呈現出來的可愛模樣讓人走過都想多看一眼。有了這些京野菜的加持，這家店好像連菜單都不需要提供了，客人只要走進去便能吃到最新鮮好吃的在地蔬菜，光憑這點就夠吸引人啦！我雖然也很想品嚐一頓完美的京野菜大餐，但不知怎麼的，視線焦點總是集中在這些陳列出來的野菜上。後來這種症狀越來越嚴重，連關於京野菜的海報、公車廣告或是某條商店街舉辦的臨時野菜市集，對我來說，反倒都比吃京野菜這件事來得更爲熱衷。

這些與京野菜有關的宣傳手法眞的高明。有一張貼在錦市場某個轉角牆上的海報，海報上的圖案是新鮮豐盛的各式野菜，中央的文案寫著一長串愛用京野菜的顧客名單，仔細一瞧，連安倍晴明、足利義滿、一休和尙和坂本龍馬都入列。原來海報的意思是在宣傳京野菜從古至今，都是名人和一般百姓最愛吃的食物，想得到讓這些名人爲京野菜免費代言，眞的要佩服京都政府的創意呢！當然，京都人自己對於這些野菜的熱愛和癡迷，才是把京野菜的知名度推向高峰的關鍵原因。

光是自己喜歡吃還不夠，每天把精挑細選的漂亮蔬菜放在樸實的容器裡，用一種展示自家珍藏品的光榮感，開心地將各式野菜陳列出來，讓經過的人也能分享這些京野菜的美好。這就是京野菜爲什麼受人歡迎的原因，不單單只是一種食材而已，也不只是因爲品質新鮮這麼簡單，而是在每種野菜裡都裝滿了京都人對於自已生活的熱愛和無限驕傲。

青首大
150

夏大根
150

三之三

鴨川除了鴨以外的意義

鴨川之於京都，如同冬山河之於宜蘭，都是很大一條。

一開始在京都散步，發現地名從一条到十条都有，依序橫向排列。我住的地方位在五条和四条之間，沒事就會往靠近鴨川的方向走去，沿途很好逛，尤其是四条通，是全京都最熱鬧時尚的區域。走過河原町的路口，旁邊就是四条大橋，橫越鴨川，豪邁巨大。

鴨川的氣質出眾

因為鴨川眞的很大，凡流經之地，都需要一座大橋聯繫巨川二端。京都的橋可美了，鴨川上的橋和祇園裡的橋完全不同，豪氣萬丈，氣勢逼人。橋上人車川流不息，橋下河水悠悠，還有一對對談情說愛的情人、圍坐一圈打屁說笑的年輕人，和獨自拎著便當，邊吃邊沉默思考的年輕ＯＬ。傍晚時候，大家相約來到這裡，或是剛好散步至此便索性坐下來。各自坐定後，精采的節目即將開始。

橋下川邊的人們嬉嬉鬧鬧，有人起身高談，有人笑彎了腰，有人躺看彩霞。橋上三人組成的爵士樂團，有人架好鋼琴，有人拿出小鼓，主唱開始試音。夜色再晚了點，試音完畢，和諧醉人的爵士樂曲開始現場演奏，大聲播放。此刻，橋上橋下有了默契，跟著聲音節奏，每個人的雙手、肩膀和大腿不禁輕輕擺動。爵士樂一曲接一曲，京都的夜有了鴨川陪伴，古城邂逅紐奧良，爵士成了今晚最愛。

其實嚴格說來，鴨川不算美麗，中間還長滿許多猶如癩痢頭的小草地，河岸兩旁的步道鋪設簡單，平時常有人慢跑和閒坐，腳踏車也經常悠哉騎過。比起冬山河太過人工的河堤，雖然好像粗糙且廉價了些，但相對來說更為實用；氣氛也好多了，每個人都各自享受著屬於自己的鴨川時光，從早到晚，人潮不斷。

一座城市若夠親水，表示深愛著她的市民和白身文化。海洋之水，兇

猛不定，城市之水，更溫柔也更有氣質。京都因爲有條鴨川坐鎭，分流四溢，穿梭巷弄，浪漫自然擴散了。兩條小巷間，被一道幽靜的溪分開，兩岸的人可就樂了，順勢搭起的小橋，也成了情人約會的地方，今晚不見不散。

溪畔的屋子，景觀大好，開起了一間間的食坊和咖啡館，靠窗的位子總是很快坐滿，陽光大時先拉下竹簾遮遮陽，陽光一走，竹簾上收，小溪的景致溜了進來，佐酒下飯。水的流動如果不止息，那這座城市的人民也活力無敵。我想起高雄的愛河、台北的淡水河，當然還有曾經住了五年的宜蘭冬山河，每條河都有專屬於我的生活記憶。不過倒是很享受與鴨川相處的時光，可以聽著鴨川的水流聲，隨意哼哼唱唱，在心裡高聲歌頌我所迷戀的京都。

遇見京晚霞的魔幻時刻

已經不記得是那天的行程，總之每天到了傍晚時候，雙腿肯定是瘦得不得了。因爲住的地方就在四条河原町附近，所以通常這個時候就會回到這裡尋找吃晚餐的地方。那天的確提早回到四条通，整天的好天氣一直延續到傍晚，我和女友正在發愁要去哪裡吃飯的時候，魔幻之光頓時佈滿天際！

妻夫木聰主演的電影《魔幻時刻》，裡頭有句對白把傍晚形容爲一天之中最美麗的魔幻時刻。我們看到阪急百貨上頭的天空已經是藍中帶粉紅，興奮的女友把我拉往四条大橋的方向，這個時候我們都忘記了剛剛還在煩惱晚餐的事情，現在完全被頭頂的晚霞給深深迷惑。站在四条大橋上欣賞粉紅色的晚霞，雖然我沒去過上海，但直覺卻有老上海的感覺。

橋旁知名的東華菜館，巴洛克風格的古老建築襯著晚霞的粉光，此時菜館自家的川床上已經坐滿了正在用餐的客人。每個人頂著一身的晚霞品嚐菜館著名的北京料理，我和女友只能這樣遠遠看著，心裡想像如果哪天也能坐在同樣的位子上吃飯看晚霞，該是多麼幸福的時光！在橋上站了一會兒，我提議到橋下的鴨川邊，繼續欣賞我們在京都難得遇到的晚霞。從川邊抬頭看天空，四条大橋和對岸的屋子全都一起進入眼簾，女友忙著拍照，我當然也沒閒著，拉進幾個坐在川邊聊天的路人甲乙丙丁當作畫面前景，拍下這幾張華麗的晚霞美景。

各自拍了一會兒，我和女友說：「坐下來一起欣賞吧！」因爲天空的紅色已經越來越濃，藏在雲層中的黑幕慢慢透了出來，再不把握這短暫的幾分鐘靜靜欣賞，就實在浪費了在京都幸運遇到唯一一次的魔幻時刻了。

「果然很魔幻啊！」女友同意我的說法，我們交換彼此的相機欣賞對方剛剛拍攝的晚霞照片，女友極有天分，拍的晚霞色澤比我的更加粉嫩鮮豔。

「那是當然的啊！你這不懂情趣的人，怎麼可能拍得出像我一樣層次豐富的色彩呢！」我趕緊點頭同意她表面上和表面下的雙關說法。

北京料理
東華菜館
清酒
名誉冠

第四章

歷史課

歷史是一種滋養品，滋養了人的樣貌談吐和城市風格。盆地地形把京都這座老城圍在舊時的記憶裡，人們某方面活在古老中，靠著咀嚼歷史菸草過日子，就像小巷內陶藝家河井寬次郎的住宅，正港大師總是低調行事，存在就是最感動人心的金字招牌。我走在一間間喜歡的京都神社裡，看著信眾捻香祈福，有人搖鐘拍掌，嘩啦啦的清冽泉水眾人共飲，腳步就算緩慢，心靈的律動總顯得馬不停蹄。

四之一

拜訪京都老藝術家

沒有計畫地走在京都巷弄裡，也有可能幸運遇到某位藝術家，或是他們曾經生活多年的老住宅。儘管主人不在，藝術味仍舊散發陳香。

橋本關雪居住的小村莊

通往銀閣寺的道路上，注意力可別只往前面看，左右留意一下，就會發現這座白沙村莊，也就是日本著名繪畫大師橋本關雪的昔日住所。

紀念館的入口不太明顯，畢竟以前是大師住的地方，實在不需要太過高調。穿過不太大的門進到裡面，得先花錢買票才能入園。園區頗大，中央有片寧靜的池水，小橋就在池旁，想像自己是文人般地優雅走過，猶如身在中國庭園山水之間。或者說，這裡更像是陶淵明找尋許久的桃花源，一座眾人皆樂天知命的靜謐小村。

村莊裡到處可見精心佈置的小角落，綠木爲景，對映池水風光，走起來都覺得自己的氣質增色不少。鄰近池水旁，有間頗大的架高老屋，正有一群參加藝文研習活動的學員跪坐在裡頭，安靜聆聽台上老師的細心指導。悄悄地繞過老屋繼續前行，著名的橋本關雪紀念館就在前頭很不起眼的位置，靜靜等待有心人的大駕光臨。紀念館裡展示的都是橋本大師的得意作品，除了畫作之外，還放有一些介紹橋本關雪爲主的書籍可供遊客翻閱。如果下午時間還夠，我眞想好好坐在裡面慢慢認識這位偉大畫家的創作風格，只要能趕在銀閣寺關門之前離開就好，大師的畫的確需要長一點的時間專心欣賞。

順著規劃的路線走，就能完整繞完村莊一圈，環境十分清幽，尤其夏天外頭正炎熱，村莊裡空氣的溫度顯得更爲沁涼。走完全程不會太累，倒是吸收不少大師的藝術氣質，好像做了一場心靈ＳＰＡ，整個人完全變得神清氣爽起來。

橋本關雪紀念館(白沙村莊)

☼ 10:00-17:00　¥ 一般800日圓　☎ 075-751-0446　〒 京都府京都市左京区淨土寺石橋町37　⚲ 搭乘市巴士至「銀閣寺道站」，步行5分鐘即可到達。

陶藝大師河井寬次郎的家

京都對我來說，是百去不膩的城市，太多東西可以看是原因之一，還有一些景點是因爲不小心錯過開放時間，下回再來不論如何非得去成才甘心，所以只好不斷重回京都。位在五条馬町附近的河井寬次郎紀念館，就是在「絕對要去成」的不甘心景點清單中排列第一名的必遊之所。

五条通是京都知名清水燒的商鋪集散地，沿著馬路兩旁閒逛，一間連著一間的陶藝小鋪曾讓我逛到忘了吃飯時間。本來就喜歡陶，之前曾搬到金瓜石山上，就是因爲附近住了一對我很喜歡的陶藝家夫婦。他們的陶是手拉坯素燒，充滿質樸手感的陶作，我曾買了一個抹茶碗珍藏至今。而位在馬町小巷弄裡的河井寬次郎紀念館，則是清水燒大師河井寬次郎的故居，將大師住宅整理後對外開放，保留了原汁原味的陶藝家韻味。從大馬路的一間便利超商開始，沿路就有指標引導我前往這間紀念館，路標小巧可愛，好像一位熱心的老婆婆幫忙帶路，怕吵到附近鄰居而在我耳邊壓低音量，輕聲地提醒我下一個路口要記得轉彎。

我爲這段找路的過程所著迷，心裡頭想著就算眞的找不到，在馬町的小巷弄迷路，似乎也不算是件壞事。所幸日本人做路標的功力沒話說，轉了兩次彎就找到了，紀念館和兩旁的民宅沒兩樣，只是門面寬了點，隱約猜得出裡頭住的應該是戶有錢人家。拉開木門，眼前出現一條深長玄關，沒人迎面招呼，害我竟然有些誤闖民宅的罪惡感。進去參觀前要先脫鞋，服務人員就坐在以前河井先生習慣逗留的客廳裡，雖然還是要世俗地付錢買票才能參觀，但一張九百日圓的票就能在陶藝大師的家裡盡情玩耍，這張門票絕對值回票價！

紀念館總共有兩層樓，內部陳設全都維持當初的模樣，老桌子、老椅子、老木窗還有許多成品和半成品的陶作隨處可見。幾張老座位旁的牆上，放有當時河井先生坐在同個位置的老照片，這種安排讓我感到時空交錯，彷彿河井先生只是跑到後院磚窯旁關心一下火的溫度，馬上就會再回到座位來。我忍不住裝模作樣地選了一張老椅子坐下，翻翻河井先生的作品集，唯一可惜的，手邊沒有一杯現沖熱茶搭配此刻美好的午後時光。於是伸手摸摸用厚實原木做成的椅背，拿起相機近距離拍下了椅背上的木紋，這原本是專屬紀念館裡的紋路，此刻卻能幸運地複製在相機裡的記憶卡中。

一樓空間很大，陳設出來的老東西更是不少，穿梭在層次感極深的不同隔間裡拍照十分有趣。眼底看到的東西都想要拍下來，遠拍、特寫或是

河井寛次郎紀念館

☼ 10:00-17:00　¥ 一般900日圓　☎ 075-561-3585　〒 京都府京都市東山区五条坂鐘鑄町569　⊖ 搭乘市巴士至「馬町站」，步行10分鐘即可到達。

超微距，所會的攝影招數毫不保留地全使出來，服務人員極爲貼心，完全不會出面制止我的瘋狂舉動。走出一樓，穿過中庭院子，後方就是河井先生花最多時間逗留的登窯燒陶區。對於住家裡頭就有一座中型規模的磚窯，親眼目睹後還是覺得很不可思議，不過那裡確確實實就是河井先生和他心愛的陶作相處的地方。我不知道有沒有違反規定，趁四下無人，刻意從狹窄窯裡穿過去，想感受一下河井先生最後入窯取陶時，身處在窯裡是什麼樣的感覺。不過我想他應該也是用窯旁的長鐵耙把剛燒好的陶作耙出來，如果服務人員看到我任意鑽進窯裡，說不定會很生氣地要我離開紀念館呢！

刻意若無其事地逛完了河井先生的登窯，沿著原路走回紀念館一樓，再順著踩上去會發出「歪伊歪伊」的木階梯到了二樓，繼續窺探河井先生的樓上生活。二樓的陳設也放有許多木桌椅，穿透性十足的合適隔間和木窗，讓這棟老房子的韻味完全流露出來。空間正中央挖空的部分就是一樓挑高的空間，可以從這邊往下看到樓下的一舉一動：服務人員認眞地在櫃檯整理資料、兩三名遊客坐在老椅子上聊天，還有一隻可愛的中年虎斑貓趴坐在中央長木桌上安靜睡午覺。河井先生沒有在那裡，多年前的這個時候，他應該還坐在窯邊，備用的柴火早就準備好，他仍維持安靜的習慣，

小心翼翼觀察著窯裡火力的細微變化。

四之二

神社裡的安靜時光

就算是在內斂的京都，也常遭逢喧囂煩躁的意外突擊，我需要安靜，一小段確確實實的安靜時光。所以躲進神社裡，哪個神社都好，名氣大或小都無所謂，只要看到神殿上整排垂掛的紙燈籠，我的情緒就能穩定下來。規律能帶來秩序，神社裡的規律元素如花草俯拾皆是，此刻我彷彿工蜂，四處採蜜爲樂。

與其說我來神社找安靜，不如說人和動物進入神社後便自然安靜下來。走路時懂得抬起腳尖不拖泥帶水，參拜時嘴裡喃喃自語，說了什麼連身旁愛人都聽不清楚。點起一根祈願白蠟燭，動作輕柔，火焰無聲燃起，小小心願安靜種下。神社外喧嘩吵雜，神社裡並非純然無聲，而是眾人在此尋找近乎無聲的自我對話。

四之三

參拜！金銀雙閣寺

「我對金閣寺的美感到忌妒！」

一九五〇年，寺內的一名年輕僧侶，放了這把忌妒之火，燒了這座偉大建築。當時小有名氣的文學家三島由紀夫，對這個震驚社會的縱火事件，寫下完整紀錄。三島花了六年時間，仔細探究這位瀕臨瘋狂的年輕僧侶內心無可理解的世界。摻揉虛虛實實的想像和事實，完成《金閣寺》一作。此作一出，如同六年前那場熊熊大火，狂燒文壇一片，震驚世界。

金閣寺的美，眾人都愛，眾人都忌妒。最早時候，這裡是室町幕府第三代將軍足利義滿的私人別墅，將軍與世長辭後，後人依其遺志將這座美麗別墅改建為禪寺，供世人祭祀。金閣寺終於還歸於民，讓人得以一窺此華麗禪寺之美，流連忘返。寺內最奧妙之處，在於圍繞禪寺的鏡湖池，波光粼粼，將金閣寺一乘為二。原本三層的金箔樓閣，突然又多了三層，湖上湖下各一。陽光一照，連同湖水和寺閣都金碧輝煌，閃耀動人。在寺閣之外，設有一座爲紀念茶道家金森宗而建的茶室（數寄屋），據說從這間茶室坐看夕陽時候的金閣寺，格外美麗，格外幸福。

我的金閣寺之旅，逛完了寺，還想去嚐嚐寺外的那碗抹茶冰。售票亭旁就有賣，除了抹茶冰，還有看起來非常奢華的金箔黑芝麻丸子可吃。我各買了一個，然後就任性坐在一座簡易搭起的小亭子，吃完以上那些東西。刨成碎末的冰當然是由抹茶製成，濃郁可口，香氣不膩，讓人幸福。冰裡還有紅豆和湯圓點綴，碗雖不大，但吃完還眞有些飽足感呢！

邊吃邊四處張望，看到好幾群高中生來來往往，應該是戶外教學吧！想到自己不久後就要邁向三十五歲的界線了，心裡不免有種青春難追的感傷！吃飽了，往人潮的反方向走，人還一樣多，我必須閃閃躲躲。一群拉得老長的學生隊伍，乖乖跟著女性導遊手中的旗子，有說有笑地走過。

銀閣寺原指慈照寺，「慈照」則是室町幕府第八代將軍足利義政的法號。當時足利義政有個遺願：希望能將自家山莊的東山殿改建成一座肅穆禪剎。於是足利的後人便照做，建了這座低調卻古雅的寺院。當時人們都稱寺裡的觀音殿爲「銀閣」，久而久之，也都習慣稱之爲「銀閣寺」了。

一進寺內，可先見到以砂石堆疊成圓錐台形的「向月台」，相傳寺裡僧人輕功了得，能安穩坐在台上，等待遠方月亮升起。銀閣寺旁，還有一席以細緻白石鋪刷而成的「銀沙灘」，此景非眞山眞水，而是出自高僧意念及手藝的枯山水風景。黑寺、白砂，相映成趣，融合而出，一片銀洩滿地的畫面。

比起金閣寺，銀閣寺反倒像是我的老鄰居，總是可以隨時串門子，自顧自地進來坐坐。沒有金箔附身的銀閣寺，當然也沒有白銀加持，幾乎是座快坍塌的老寺，大樹環抱，悠遊自轉。我特別喜歡那殘缺失修的屋簷，木頭蛀空了，還有通風透涼的作用。寺旁的草地上，冒出了小菇，不可吃，吃了便成僧侶。我還留戀俗世的花花綠綠，這菇，只好先放一旁。暗自祈願菇兒能好好長著，妳們可愛迷人，我卻吃不得，所以只好揮手說再見。銀閣寺一遊，像是拜訪老鄰居般輕鬆自在，買的東西不多，悟出的道理倒是不少。

金閣寺

☼ 09:00-17:00 ¥ 大人400日圓，小孩300日圓 ☎ 075-461-0013 〒 京都市北区金閣寺町1 ⚲ 搭乘市巴士至「金閣寺道站」，步行5分鐘可到達。

銀閣寺

☼ 08:30-17:00　¥ 大人500日圓，小孩300日圓　☎ 075-771-5725　〒 京都市左京区銀閣寺町2　搭乘市巴士至「銀閣寺道站」，步行5分鐘到達。

四之四

東大寺的裡外見學

下了巴士，本以爲是到奈良公園，想不到東大寺也在旁邊。應該說，我先看到了東大寺，根本沒見到奈良公園。巴士站牌旁就是滿滿的路樹，陽光都給撕得碎碎的。風和日麗，溫度不高，氣候宜人；耳朵聽得見沙沙作響，風剛剛吹過了一整片綠樹葉。

東大寺前的寧靜午後

當然還是沒有和陌生女子搭訕的機會，沿路上倒是有很多悠哉的梅花鹿，美女都被這些可愛的鹿兒吸引，我就算刻意打扮，也是枉然。索性開始追逐這些鹿兒，其實牠們也不會亂跑，沒走幾步路就遇到好幾隻。不像路邊那群無主亂繞的鴿子會搖頭晃腦，鹿兒頂多甩甩尾巴，低頭不說話。通往東大寺前的小路，有賣吃吃喝喝的小百貨，樣式古老；百貨也只是一種通稱，賣的東西種類可能超過幾百幾千種。我沒有興趣進去逛逛，因爲路上的寧靜氣氛更吸引著我。

來到京都，神社當然逛了不少，逛到有點油膩的厭惡產生。奈良這座古城，什麼不多，熱鬧沒有，當然又是神社最多。我別無選擇，又巧遇這座不得不參觀的東大寺，只好認命。還好，有這些被撕碎的小小陽光和可愛的梅花鹿陪著我，排解寂寞。在台灣，好狗不擋路，在奈良，好人不擋梅花鹿的路。東大寺前，梅花鹿是老大，人鹿相逢，鹿不動，人快閃。不只閃鹿，地上隨處可見的鹿便便也要小心，危機四伏。鹿便便一粒一粒的，好像正露丸一樣，只可看，不可吃。形狀完好的不算少，被踩成餛飩皮樣子的，其實也很多。

路邊的小攤子都在賣一種給鹿兒吃的圓形餅乾，一包六片，每包一百五十日圓，很多小朋友、青春少女和歐吉桑都愛買。因爲只要拿出餅乾，一搖手，方圓十公尺的鹿都會圍過來，讓你有種眾星拱月的虛榮感，彷彿這世界都繞著你旋轉。所以，容易感到寂寞的人，適合到東大寺前買

餅乾餵餵鹿。餵鹿吃餅乾其實有個訣竅，就是手拿餅乾，但先暫不出手，在鹿兒面前晃一下，牠就會乖乖向你三鞠躬，深情看著你。這個時候，再丟餅乾，這樣餵鹿，不僅有趣，還很得意！

一群梅花鹿中，偶爾會發現混有不同毛色，體型壯碩的怪鹿，有角的，只是有的被修剪過，背上也沒有梅花印，體毛甚粗。這些看起來比較兇的鹿，我沒敢太過靠近，還好帶的鏡頭夠深，站在遠方也能清楚拍到。

從巴士站走到東大寺門前，沿途不知道和多少隻梅花鹿打過招呼，成功閃過了這一群群四處亂走的梅花鹿，東大寺就在眼前。如果有人剛剛不幸把鹿便便踩成餛飩皮，請先清乾淨再入寺。雖然眞的很容易不小心就會踩到，但請別介意，不妨當作一種入境隨俗吧！

東大寺之外

除了清水寺，東大寺也能給我同樣的感動和震撼。經過了梅花鹿之路，心情確實寧靜多了，剛好適合參拜。

這間東大寺雖然遠在奈良，但奈良原爲日本舊都，來頭當然不小。天平十年，聖武天皇頒令興建，相傳當時他因染病而欲建寺祈福。這座禪寺果然不凡，爲世界最大的木造建築，歷經祝融又獲修復。正殿外的南大門高達廿五公尺，是日本所有佛寺中最大的一扇門，其雕工繁瑣複雜，完成於鎌倉時期，堪稱是天竺式建築的代表作。東大寺名列世界文化遺產，祂的偉大，在小小的奈良縣發光發熱。

入寺後，偌大的寺廟本體，著實讓我嚇了一跳，大到幾乎讓我啞口無言。對於有點像是日本武士盔甲形狀的外觀，我肅然起敬，噤聲參拜。當天參拜的人很多，其中包括一大群戶外教學的小學生，但不影響周圍的神聖氣氛，只聽得見腳步聲，踢踢踏踏。看得到嘴形變化，卻如默劇般，主角表情豐富，卻無聲。這種氛圍可好，有人氣充場，但不吵雜，一個人參拜也不怕。

整座東大寺規劃極好，寺外用了大量的老木支撐，許多都已腐蝕了，但仍夠力道。日本不是也有颱風嗎？但寺廟仍在，祂的神力，屹立不搖。光看主寺本體，體積大概和台北的中正紀念堂同大，從何判斷？抬頭往最頂端的屋簷看去，仰角差不多。兩座同大的建築物裡，卻供奉著不同的對象和意義，一個是強人，一個是天神，到底該信誰？我在寺外繞了好大一

圈，這個時候，才終於準備進入寺內。

東大寺之內

寺外的確很大，裡頭當然也不會小，連供奉的神佛也都超大。殿內這尊金銅奈良大佛，又稱盧舍那佛，是全日本最大的室內佛。高有十五公尺，雖然比不上中國的樂山大佛，也很夠壯觀了。此奈良大佛乃爲智慧與慈悲的象徵，信眾抬頭仰望，便讓人五體感動！

今天是戶外教學的好日子，寺內擠滿了一大群稚嫩的小學生，全都睜大了眼，好像第一次出遠門，連小塵埃看來都覺有趣。寺內除了供奉幾尊大佛外，還有一座縮小版的全寺立體模型，供人指點瀏覽，不用走完全程，就能神遊東大寺一遍。大家很有秩序地在大模型前觀看研究，沒有人越線往前擠，人潮流動的速度也很正常，不會有人爲了要搶拍照而長時間停步不前進。寺內還有一處有趣的娛樂設施，那就是「鑽大柱」的遊戲。寺中一根直徑約有二公尺的大木柱，底部挖了個小洞，剛好是可以讓一位小朋友鑽過的寬度，大人幾乎就不行囉！這麼一來我自然放棄了，只能在旁邊看著，拍下這些賣力從樹洞中鑽過的人。

雖說日本人普遍都很有公德心，但還是在一根大柱上看見用尖銳物刻畫名字留念的缺德事，即使不影響結構安全，但卻破壞了寺內應有的尊嚴氣氛，有種嬉鬧賴皮的味道。這座東大寺裡裡外外都是加大型的big size，參觀的人只要時間能夠多安排一點，慢慢欣賞其中的奧妙，心裡所獲得的感動和震撼絕對也是king size！

東大寺

☼ 07:30-17:00　¥ 大人500日圓，小孩300日圓　☎ 0742-22-5511　〒 奈良市雜司町406-1　🚌 搭乘JR奈良線至「奈良站」，於車站外轉搭市內循環巴士外回系統，至「大仏殿春日大社前站」下車，步行約5分鐘即可到達。

四之五

非筆直行走就能抵達的清水寺

順著五条坂或清水坂而上，如果忍得住沿街特色小店的重重誘惑，徒步其實只要十五分鐘左右，就能見到這座名列世界文化遺產的清水寺。

去的時候，刻意選擇店家較少的五条坂往上走，理由很簡單，參拜之前，我想要暫時保持穩定平和的情緒。坡度有點陡，還好全身只有一個簡單腰包，輕輕鬆鬆。一手拿著相機，另一手還可以和早起的阿桑揮手道早安。大約早上十點後，沿途的店家才會一一開張，而清水寺早在六點就先開門。對於觀光客來說，六點太早了，不過對習慣到寺內散步運動的當地人來說，早點去可以避開擁擠的參拜人潮，清水寺獨特的幽靜，也可以盡情獨享。

清水寺本堂築於山腰，遊人可居高遠眺，看盡京都的風情萬種。站在這樣的高度欣賞眼前美景，不會心慌，卻常有詩意吹拂，每個人都能提筆寫下一首最美的俳句，靜靜吟詠。本堂旁有座「地主神社」，不管是一個人或是和情人同行都應該去看看，因爲神社裡每天都上演著一場場有趣的小遊戲。規則是這樣的：地上立有二顆戀愛占卜石（暫稱甲石和乙石），相隔十公尺左右，一次一個人走，如果能順利從甲石直線走到乙石，戀愛就會成功！

多年前我試過一次，歪到差點撞上另一位單身女子。這次，我只是站在旁邊觀看別人的愛情試鍊：一個女生閉上眼，然後慢慢跨步向前，表情嚴肅，移動龜速。儘管努力保持腳步筆直，可惜才沒幾步，離乙石越來越遠。走不到了，儘管男友在一旁努力大喊幫忙指引，她的腳步，卻歪得越來越厲害。眞的會來嘗試走戀愛占卜石的人，大多還是年輕的小情侶們，年紀稍長的熟男熟女或阿公阿嬤，則是專心閱讀清水寺內的一草一木。他們都不多話，頂多牽牽老伴的手，偶爾放開時也是雙手合十，低著頭虔誠祈禱。

離開有趣的地主神社往下走，還有一處好景千萬別錯過，那就是號稱天然好水的「音羽之坂」。持瓢取水，飲完渾身清爽，疲累盡散。說不定是天意，平常太少喝水的我，又來到這湧名泉喝水。音羽瀑布名列日本水質最清冽的泉水之一，大家當然搶著喝。排隊的人龍頗長，但秩序良好，人龍中穿插了不同國籍的臉孔、膚色和語言。只見老外盡是滿臉好奇，頻頻探頭，想要再更確定什麼似的。台灣人則躍躍欲試，大呼卯死了，反正能補氣強身的都拿來！

喝完的人清涼透心，還沒喝的人只能抿抿乾唇。寺方準備了超長柄的杓子供飲水之用，大約有五、六支左右。每個人拿起杓子就嘴對嘴大口喝起來，不過這樣衛生嗎？沒問題的，重衛生的日本人早就在一旁準備了紫外線消毒機，每個人喝完就把杓子插進機器裡，後頭的人就有乾淨的杓子可用。另外也有賣個人專用的杯子，深紅色的，很好看，也不太貴。一泉水，清甜乾淨就好。我心裡也如同這泉清水寺裡的名水，單純想著：多喝水，多喝水，多喝……

參拜完了，可以開始盡興逛街，出口就是清水坂上的熱鬧店家，這時全都開門了。先來一支不可錯過的宇治抹茶冰淇淋，三百日圓，絕對不貴。嘴裡舔著抹茶濃郁的滋味，眼前看過一家家販賣清水燒和各式藝品的小店鋪。停不下來的，那就繼續往下走。途中意外轉入二年坂或三年坂的小巷弄裡，那裡也有許多可愛的小店值得細逛，人潮少一點，但京都獨特的老味卻更濃。清水寺及其附近，就像一塊精製的手工西陣織布，紋理亙古綿密，但滿滿都是耐人故事。

清水寺

06:00-18:00　¥大人300日圓，小孩200日圓　☎075-551-1234　〒京都市東山区清水1-294　搭乘市巴士至「五条坂站」下車，步行約15分鐘即可到達。

四之六

藍天下——平安神宮的色彩印象

明治二十八年，爲了紀念遷都平安京而蓋了這座平安神宮。平安京，也就是京都的舊稱，平平安安，是每座首都最需要擁有的氣氛。神宮裡，供奉著坐鎮平安京的首位桓武天皇及末代孝明天皇，百姓接力祭祀，共同起承了一段古老歷史，默默發生在這寧靜的洛東地區。

這次來，神宮大門終於開了，我帶著肅穆的心情踏進。進門前，先被矗立在神宮外巨大的鳥居體積給徹底震懾，讓我想起涉谷的明治神宮，只是顏色不同，平安神宮鮮豔多了。討喜的橘紅色，讓人心情雀躍，心中難過的事情彷彿忽然消失了。眞正走進宮內，其實有點「啊？我走進來啦」的錯愕感，可能誤將大鳥居直接當做入口，而根本忽略了眞正的大門。今天的天空很藍，正午時分，宮內參拜的人不算多。肚子餓了，先強忍著，希望太陽能幫忙蒸發點肚子裡強烈的飢餓感。寬闊宮內大院裡，聽得見參

平安神宮

☼ 06:00-18:00　¥ 入宮免費，參觀宮內神苑費用大人600日圓，小孩300日圓　☎ 075-761-0221　〒 京都市左京区岡崎西天王町　⊖ 搭乘市巴士至「京都會館美術館前站」下車，步行約6分鐘即可到達。

拜者腳下沙沙的移步聲，沙沙……沙……沙沙……讓人昏昏欲睡……沙沙……沙沙……

走到正殿旁的角落，看到一株讓人綁上籤紙的結願木，京都人更信這套，神社裡求籤卜卦的人多，多到像樹上的枝枝葉葉。求完的籤，順勢綁在大院角落的結願木上，祈求心願成眞。好的壞的，心甘領受，開心或苦笑，全都交由上天安排。人有天頂著，很多事情比較容易看得開，也容易原諒不計較。抽到什麼籤，冥冥中自有安排，因爲始終這樣相信著，所以萬物都有個規矩或天理，朝拜的人也永遠不會停。木上綁的籤眞多，遠看就像一棵披滿銀白雪花的梅樹，現在是初秋之季，雪還沒準備開始落下。不過一年四季，這顆結願木應該常年茂盛滿蔭，每個來到神社的人啊，心底都有個願望，一願一籤一結。很快，茂盛的木又是白雪皚皚。

每次到神社，總不是爲了問卜或求籤，只是圖個心安。京都神社眾多，而平安神宮卻是一座大而有名的指標地。我喜歡這裡漆成橘紅色的所有樑柱，配上藍天和白雲，低頭虔誠祈福之餘，心裡不免有點抽離現實的縹緲感受。可能是和大殿裡的神明有了共鳴，我一句，祂一句，嘀嘀咕咕，嘀嘀咕咕。

平安神宮給人的感覺四平八穩，不令人失望，也不驚艷；所有莊嚴和美麗都是可以預期，自然發生，自然感受。如同剛剛走進來的時候，竟然沒有察覺就已經踏入了門，像自家後院的私人神壇，只是規模大了些，但不會大到讓人感到壓力。平安神宮，儘管色彩如此搶眼，卻能讓人自然而然感受到一股平安寧靜的氣息。

四之七

行銷力無邊的晴明神社

對於喜歡《陰陽師》的書迷來說，這間位在西陣的晴明神社絕對是他們心中朝聖之所。兩年前曾受朋友之託來這裡買與陰陽師有關的紀念品，當時因爲遍尋不著神社的所在地，所以沒有幫到朋友的忙。而當時那個「朋友」現在成爲我的女友，這次由她親自出馬，我們終於找到了謎樣的晴明神社。

有趣的是，我發現晴明神社的行銷宣傳做得倒是十分多元，曾看到巴士車窗上張貼神社爲人祈福的小標語，加上一個五芒星的圖騰，神神祕祕，一看就讓人好奇地想要去看看。不只如此，網站也設計得很貼心，中日兩國語言皆有，網頁上清楚可見那謎樣的五芒星圖案，品牌形象經營的功力眞讓我大感佩服！不過這次再去的時候，我們還是迷路了，一開始被路邊的觀光地圖錯誤引導進小巷弄中，亂繞一陣後，才發現其實神社入口就在筆直的堀川通上。因爲傍晚六點神社就要關門，正確找到神社時已經是五點半，趕緊先叫女友衝進去逛，我還需要在外面拍些照片才行。

還好神社的規模不大，以走馬看花的方式大約只要十五分鐘左右就能逛完，所幸我們還有兩倍的時間，所以先大致拍完需要的畫面後，才開始就比較有趣的部分慢慢欣賞。最有趣的部分，當然就是安倍晴明的銅雕，他雙手作揖盤坐的模樣，一派認眞，果然有天文陰陽博士的專業風範。這位精通天文曆法的大師，先後輔佐過朱雀、村上、冷泉、圓融、花山和一條等六代天皇，不僅功績卓越，更受到人民的推崇景仰。我女友就是一個好例子，兩年前沒有幫她實現的心願，她現在終於可以自己看著安倍晴明的銅像，瘋狂選購期盼已久的陰陽師紀念周邊商品。

就在她開心逛著攤位的時候，我繼續尋找下一個有趣的東西。在本殿另一側，有座名爲「消災桃」的大銅雕，桃的頭部早被希望消災祈福的信眾給摸得十足光亮。原來這座桃雕是用五百名奉納者所捐獻的銅料製作而成，桃座裡不只有安倍晴明大師的神力加持，還有五百份虔誠信眾的誠心願念，才能造就出這座一摸則靈的消災桃來。女友一邊摸著嘴裡念念有詞，我跟在後頭也摸了桃一把，心裡頭只想著很簡單的願望：希望我所愛的人身體健康，平平安安。

神社裡到處可見五芒星的圖案，連靠近入口處的一座古井上，都刻有這種神祕圖騰。這座井名爲「晴明井」，井裡冒出的水則爲山城名泉之一，連茶道名人千利休都曾使用過這座井的水來泡茶，可見井水的好品質有目共睹。我一時忙於拍照，卻忘了取水來飲，這眞是我在京都常犯的毛病，害得只能事後從照片中重溫模擬當時的感覺。這座井的井口可以三百六十度轉動，這裡是供奉大陰陽師的神社，神社內所有東西當然也要能因應天文變化。每年神社人員都會將井口轉到當年風水最好的方向，期望能將好方位的氣運傳遞至井水中，這樣喝到這口井的人們就更有福氣了。

神社裡的相關商品很多，除了印有五芒星的繪馬和御守之外，在專賣紀念品的桔梗庵內，還能買到印有桔梗圖案的手機吊飾和吸油面紙，另外這裡獨家販售的餅乾和豆餡烤餅都是安倍迷的最愛。女友買了一個繪馬，不過沒有寫上東西也沒掛在神社裡祈福，她說要帶回台灣的家中，這樣安倍晴明的神力就能與她長伴左右了。而我比較務實，努力在神社裡拍了很多照片，當然也拍了許多有關五芒星和安倍晴明公的相片。我相信以安倍陰陽師偉大的通天神力，透過這些存在電腦硬碟裡的照片，安倍陰陽師的魔力也能與我長伴左右。

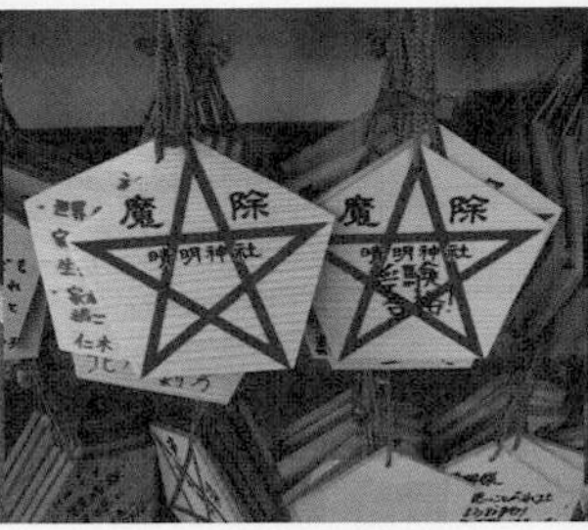

晴明神社

☼ 09:00-18:00　¥ 免費參觀　☎ 075-441-6460　〒 京都市上京区堀川通一条上806

搭乘市巴士至「一条戻橋站」下車，步行約2分鐘即可到達。

第五章

美術課

日本人是個愛美的民族，京都人的愛美程度又堪稱日本第一。帥哥美女行走街頭不過是日常風景，偶爾夾雜幾名身著和服的藝妓，京都人衣著打扮之美，遠勝日本其他城市。除了衣裳好看，店頭櫥窗和商品陳列，又是另一門京都人百般講究的美學工夫。追求品味不等於愛戀名牌，京都人喜歡擦亮自己辛苦打造的招牌，低調甚至有些靦腆地專心打扮，一出場絕對就是讓人大感驚艷的自信風采。

雪印
牛乳

五之一

街頭上的美麗小心意

選擇用徒步走看京都的眞正目的，是不希望錯過那些釘在民宅牆上的裝飾和信箱，以及在木樑上緊鑲的金屬徽章和各種迷人小五金。這些都是不想大張旗鼓卻期待有緣人發現的京都美學表現，我深愛京都，理解京都人自然流露出的某種靦靦個性。所以就算揮汗如雨，我還是願意走過一條又一條巷弄，翻找出屬於京都街頭上害羞而美麗的小小心意。

美學不用學，在京都只是一種生活經驗，時間一天一天過去，某種美感自然越積越深。所以特地要來京都呼吸四周充滿美學元素的空氣，或者說，感受京都人認爲一切事物的呈現都應該要堅守某種美觀標準的謹愼態度。態度帶來行爲，行爲帶來一整座迷人又雅致的京都城。

3 1
4 2

1.金閣寺木柱上另一種金屬小徽。 2.三条通小巷弄裡某間店的圓形窗戶。 3.金閣寺裡牌樓木柱上的金屬小徽。 4.京都警察局的專屬徽章。

五之二

安藤忠雄的京把戲

安藤忠雄，鼎鼎有名的建築大師，崇尚極簡，卻反對機能主義。花了七年時間遊歷美國、歐洲和非洲，邊旅行，邊學建築。他說：「旅行，造就了人，也造就了建築家。」沒有學院派的訓練，還當過拳擊選手，最後仍忘不了鍾情的建築工作。一九七九年，「住吉街屋」一案榮獲日本建築院年度大獎。從此，開啓了安藤式建築的輝煌年代。

把戲一 TIME'S

正式在日本參觀安藤忠雄的建築作品前，我已經瞭解這位大師的簡單生平，第一次看到的安藤建築，就是位在京都的TIME'S。TIME'S是一棟中小型的綜合型商場，最底層有間咖啡屋，臨高瀨川而居。這是安藤早期的作品，清水模還是有，只是沒這麼大規模，小小的，點綴而已。從TIME'S，看得出安藤先生獨特的樣子，或者說脾氣吧。那副曾經揮汗搏鬥的拳擊手套，現在已經收了起來，換作是心底的勇氣，繼續建築場上的對抗：揮拳、低頭、移步、再出拳！

高瀨川的水圍繞著TIME'S，終年常流。很像安藤，低調地流，連水量都小。就算不小心滑倒落水，拍拍浸濕的屁股站起來，笑笑沒事。但溫柔的水流，溶著鵝黃的陽光，猶如手織圍巾，繞著我的頸，眞是暖和。

商場裡的咖啡屋沒那麼早開，我卻很早就到。從網站上搜尋到的地圖標示並不清楚，憑著直覺，彎著巷子，果然還是被我找到。早上九點以前的TIME'S，沒有來逛街的遊客，只有清潔婦人努力灑水刷地。周遭有點人聲和車鳴，但奇妙的是，走進TIME'S，什麼都安靜了。我任自坐在其中一階看得到川流的石梯上，聽著水流，聽著掃帚的窸窸窣窣，聽著安藤忠雄藏在TIME'S裡想說的話。

TIME'S
〒 京都府京都市中京區三条通河原町下ル　⚲ 搭乘市巴士至「河原町三条站」下車，步行約5分鐘即可到達。

把戲二 陶板名畫庭

從北山站三號出口離站，走沒幾步路，就能看到這座安藤忠雄設計的美術館。整座美術館作風十分低調，入口售票處竟然是全館最高的地方，館內空間全部暴露於天空之下，地下二層，都在水平視線的下方。

既然稱之爲「陶板名畫之庭」，展出的當然是耳熟能詳的世界名畫。不過全館也才展出八幅而已，空間分配非常豪氣，百分百的安藤風格。

《睡蓮：早晨》（莫內）
《鳥獸人物戲畫》（鳥羽僧正）
《最後的審判》（米開朗基羅）
《最後的晚餐》（達文西）
《清明上河圖》（張澤端）
《星期天的下午》（喬治秀拉）
《陽臺上》（雷諾瓦）
《絲柏和星星的道路》（梵谷）

入口處就能看到館內的第一幅作品：莫內的《睡蓮：早晨》。用陶板處理之後，整幅畫作就躺放在一片水池之中，靜靜安眠。其他作品則各自展示在不同角落，有的高大，有的小巧，有的細長。但大多搭配流水，館內沒有惱人的音樂和義工解說，聽著流水賞畫，最是舒服。

因爲全館完全露天，下雨的話，參觀的人肯定更少了。其實就算是天色晴朗，大家也只是路過而已，不見得都會進來走走。門票非常便宜，對於像我這種斤斤計較的觀光客來說，門票竟然只要一百日圓，誇張的是，小孩還半價呢！用這麼便宜的花費，就能參拜到世界級建築大師的作品，實在非常值得。

這根本是在做慈善事業吧！

沒錯，這座美術館正是DAIKOKU電機株式會社所捐贈給京都府的禮物。人說禮輕情意重，這份禮物卻眞是貴重了。對於住宿北山小鎮或是京都的人，如果沒事就多來走走吧，反正門票那麼便宜，偶爾看看這些世界名畫，心情眞的能夠放鬆喔！

陶板名畫之庭

☼ 09:00-17:00（星期五休館） ¥ 大人100日圓／小孩50日圓 ☎ 075-724-2188

〒 京都市左京区下鴨半木町（京都府立植物園北山門出口東鄰） 搭市營地鐵烏丸線至「北山站」下車，自三號出口出站後右轉步行約1分鐘抵達。

把戲三　陶板名畫庭的details

有一天，閒來無事，我試著從安藤忠雄的完美中，雞蛋裡挑出好骨頭和壞骨頭。

好骨頭一：天際線夠美，幾何線條搭配藍藍的天，意境滿分。
好骨頭二：拿手的清水模技法，無可挑剔，給滿分也不意外。
好骨頭三：排水蓋的材質夠水準！厚實又低調，一定很耐用。
壞骨頭一：三角極限的終點，塞不進我的身體，地下有水垢。
壞骨頭二：出口是自動門設計，有點過於科技，人味少一點。
壞骨頭三：出槌囉！完美的清水模牆壁上竟出現了誇張水垢。
壞骨頭四：老實說，這塊定礎的石頭是最大敗筆，眞不耐看。

因爲我空閒的時間太多，所以有辦法慢慢從近乎完美的建築作品中雞蛋裡挑骨頭，其實已經是瑕不掩瑜，只不過忍不住把一些小細節點出來。這麼做有可能只是想證明這個世界並非如此完美地無懈可擊，一點點的小缺陷，反而讓世人覺得安心，不須非得戰戰兢兢追求滿分度日。

有時想想，我總是熱衷於大方向的想像，對於細節卻很容易不小心疏忽略過。難免有些自責，八股點說，細節很重要。「魔鬼藏在細節裡！」首富郭台銘說的。總以爲自己身邊天使環繞，一派和氣，其實魔鬼早就虎視眈眈，伺機而動。

五之三

任務代號 京花花獵人行動

如果不是女友的醍醐灌頂，我絕對不會知道這件事：原來關西女生特別喜歡穿印有小碎花圖案的衣服呀！因爲女友自己也愛穿這種款式的衣服，而她本身又從事日文翻譯工作，我從前總是把這類型的衣服歸類爲全日本女生都愛穿的款式。想不到這種小碎花款，可是關西女生特別鍾愛的打扮呢！

女友的博學多聞顯現出我的無知，爲了彌補自己先天上的不足，所以從那天得知這個「新知識」開始，就決定在京都街頭尋找各種不同款式的花花衣服，我將這個任務稱之爲「京花花獵人行動」！女友不願意跟我一起執行這趟偉大的任務，所以只好憑著自身喜好，眼神不敢有所鬆懈地四處在街頭上尋找京花花獵物。行動正式開始！眼前馬上就出現不少身著小碎花洋裝的年輕女子，大部分的人還會配搭一頂草編帽，拎著一只小碎花

特別祈願受付
絵馬 1,000円

包包和衣服相呼應。獵物眞是不少，幾乎到了唾手可得的程度，我心裡不禁竊笑著，看來這趟任務很順利就可以完成。

任務執行的範圍涵蓋整座京都城，從熱鬧的四条通到求取姻緣的地主神社，京花花無所不在，花樣巧妙雖各有不同，但大多屬粉嫩色系，即使春天早過，整座京都城只要有京花花的存在，每一天都是可愛的粉嫩春天。印象中最深刻的京花花，是在前往鞍馬寺的叡山電鐵上幸運遇見。京花花的主人是一對洋溢幸福的母女檔，一位美麗少婦和可愛的小女孩共坐在電車特別設計的座位上，正對著大面玻璃車窗，小女孩盯著窗外呼嘯而過的綠樹和房子，表情顯得開心不已。年輕的媽媽安靜地陪在小女孩身邊，眼前無聲的晃動樹影一路跟著飛馳電車，一直伴隨這對母女直到鞍馬車站。

我和女友說，關西人的小碎花打扮很像隨時都做好準備要去郊外草地上野餐，手臂上挽的包包裡，可能就放了一塊攤開便能使用的野餐布。今天也穿花花裝的女友，雖然沒有正面回覆我為什麼關西人喜歡穿小碎花衣服的原因，但我們等下也打算一起到鴨川邊悠閒散步，她的包包裡有在超市買的醬油仙貝，走累了就隨處坐下來，吃幾片仙貝墊墊肚子。老實說，很喜歡看女友穿印有小碎花的衣服，我笑她前世應該是關西人，她則笑我來了關西這麼多次，怎麼日文還是一句都不會說呢！就在兩個人彼此消遣對方的時候，我決定暫停執行尋找京花花的任務，先來對付眼前這位來自台灣的京花花才是當務之急！

五之四

京都街頭的店鋪美學

看著櫥窗發呆多麼美好

我喜歡window shopping，就算手頭還算寬裕的時候，仍然喜歡這種節約的逛街方式。如同許多女生對於商店櫥窗的浪漫想像，看著窗內用燈光精心照耀的美麗商品，可以先暫時忘記躲在一旁的標價牌，只要忍住不伸手去摸，當下瞬間或是延長幾分鐘也無妨，眼前的這個商品百分之百專屬於我。

這個無傷大雅的小習慣，雖然始終無法獲得女友的認同，但截至目前無止依然存在於我的日常生活節奏之中。當在自己經常出現閒晃的台北公館和師大路上已經沒辦法發現令我驚喜的櫥窗時，還好到了京都，重新享受遊逛櫥窗的樂趣。從京都最熱鬧的四条通開始走，在烏丸通和河原町通這段之間的店家數以百計，我總是用瀏覽的方式欣賞這些店家精心設計的櫥窗。通常會先走面對鴨川方向左手邊的商店街，這裡的店家感覺比較容易親近，有唱片行、生活雜貨、麥當勞……想要吃點什麼東西，左轉進入錦市場或是新京極商店街馬上就能獲得滿足。我則把這個想法當作替代方案，還是以欣賞沿途的商店櫥窗爲主，肚子餓了就先忍住。

其實通常選擇這條左手邊的路，就不太會再過馬路到對面反方向走完右邊的商店街。右邊有LV、高島屋百貨、MOS和另一間麥當勞，我沒試過中途轉進去裡頭的巷子，只有從對街看著LV誇張奢華的櫥窗和招牌。對我來說，用隔了一條四条通的距離欣賞LV的櫥窗最美，也最不會感到自卑和失落。有幾次選擇住在柳小路旁的SUPER HOTEL，柳小路是條帶有簡單設計感而又容易讓人親近的迷你小徑，路雖小，賣吃賣穿賣酒的店家仍多，甚至還有一間小到極致，供奉八兵衛明神的神社。一間間店鋪透過牆上巧思規劃出的小櫥窗方塊，讓客人猜測店內賣的東西和服務，這樣的猜測很捉弄人，如果猜錯了就當作是意外驚喜吧！

有時看櫥窗不只是看展示的商品或是製作精美的食物模型，窗內坐著的客人和服務生交談時的豐富表情，也是讓我深深迷戀的畫面。除了店內坐著的客人，就算靠窗的桌子沒有坐人，擺在桌上點亮的小檯燈其實也很

3 1/2

1.櫥窗裡擺滿了一整套很有異國風味的俄羅斯娃娃。 2.京都御苑附近的手工pizza店，員工正賣力揉著麵糰。 3.柳小路裡的八兵衛明神神社，十分小巧可愛。

八兵衛明神
初代彫幸

迷人。這是店家虛位以待的小手段，吸引肚子飢餓或是口乾舌燥的路過客人，一見燈光便如飛蛾撲火，推開店門指定要坐在那張放有檯燈的座位。

可惜我不是普通的蛾，應該說是不會見火就撲的蛾，只是對於玻璃窗內燈火的著迷依然無法自拔而已。所以多花了時間留在原地，對著窗子邊看邊胡亂想像，忘記女友已經走在前面很遠的距離，光是這樣看著櫥窗，就能開心享受獨自發呆的樂趣。

京都街頭的食材陳列美學

夏天到了，所以連蔬菜水果都要有把遮陽傘，這就是京都，什麼事情都需要有個所以然。

一般賣菜小販，恨不得把自家賣的東西擺得琳瑯滿目，越多越好。這樣才能讓好不容易路過的消費者，可以多看一眼，就有機會多買一些。這家路邊小販倒是很有創意，幫西瓜、南瓜、葫蘆、番茄和啤酒撐了一把大洋傘和一頂草帽，瞬間氣溫降了五度以上，西瓜還沒切開就滿嘴沁涼，啤酒還沒入口就一身舒爽！這種充滿小巧思的陳列方式，在京都十分常見，甚至到了有點氾濫的程度。不過卻是越看越過癮，不會膩呢！台灣目前也開始有類似的小攤販出現，這樣眞好，表示大家慢慢懂得過有點趣味的生活了。

日本人對於陳列方式可是非常講究而認眞研究的。

有篇個案研究提到，一家以專賣廉價商品的連鎖賣場，原本就靠低價策略在市場上獲得不少消費者的支持，一走進店內，發現商品都堆得老高，幾乎快撞到屋頂。客人像是走到批發倉庫一樣，看到東西擺得如此隨便，「來這邊只能買到便宜貨」這種先入爲主的觀念也就成爲刻板印象。後來其他量販店的業績漸漸贏過這家店，原本獨占的市場優勢突然大失，老闆本來不解箇中原因，後來才知道是商品的陳列方式出了問題。

消費者愛撿便宜是千古不變的鐵律，但人的胃口是會越養越大，除了撿便宜，賣場的舒適度也被嚴格地考慮進去。從此這家商品總是亂堆的賣店漸漸爲人詬病，老闆了解其中原因後，立刻大刀闊斧，火速下令更換所有門市的商品陳列方式。首先，將原本堆在一起的各種商品分門別類，並且加註告示說明每件商品的特性和使用方法。接著，再把店內櫃檯後方的藥妝品改成開架式展售，讓客人可以自己挑選比較喜歡的商品。業績馬上瞬間往上翻了兩成，不同的陳列方式，發揮了魔術般的神奇效果！

這個例子說明了一件事：所有人都是「物美價廉」的死忠實踐者。

京都人更信這套哲學，所以連路邊的水果攤，都要搞點不一樣的裝飾來。夏天就該有洋傘和草帽，我想如果是冬天來，旁邊肯定會有暖爐和雪人，說不定還有免費招待的熱抹茶呢！下回我再來的時候，一定要停下來喝杯老闆招待的熱抹茶，在暖爐邊隔著厚手套搓搓手掌，離開前再買幾顆黃澄澄的橘子回飯店。晚上可以邊看電視邊剝橘子，開心地一片一片放入口中。

這間攤販位在離錦市場不遠的地方，繼續往前走，就轉進了錦市場中段的地方。逛這座市場除了滿足吃的目的外，閒來無事，倒也可以好好欣賞每間店家獨特的食材陳列方式。有間賣米和飯糰的店，叫做中央米穀，店門口擺了好幾個裝米的大木桶，今天想吃什麼米，店員立刻幫你打包。舀舀米，秤秤重，打包起來，每個客人都開心地拎著米準備回家煮飯。還有賣醃製物的打田漬，好像是錦市場中自立爲王的漬物寨主，把寨中所有的漬物桶豪氣地陳列出來，不怕你試吃，更不擔心你不買。如果臉皮夠厚或只是單純來觀光的遊客，倒是可以故作大方地走進店內盡情試吃。老闆和店員都是訓練有素的高EQ達人，看你吃得越多表情越開心，眞是佩服

OPEN!!
TSUBASU
夏祭り
2009
夜は 18:00～22:00
21:30 ラストオーダー

福岡の新しいお米
一kg
三九六円
期間限定お買い得商品
京都府産こしひかり
一kg
四四一円
五kg一九九五円

中央米穀

本日の
100g

他們的好肚量！

市場內和市場外對於食物的陳列方式各有其趣，比較一下，市場內競爭對手多，不稍微虛張聲勢一下，怎麼和別人比！總歸一句：輸人不輸陣。市場外反倒是路人的眼神容易渙散，如果不搞個特別的花樣怎麼吸引目光？唯一辦法就是標新立異。當然我相信，這只是京都人愛耍花招的手段之一。重點是，賣的東西絕對實在，絕對好吃。如果可以的話，老闆也願意貼告示明志：不好吃退錢！

我想，眞正會被客人退錢的情況應該不多見，畢竟每個京都人對於自己一身驕傲的羽毛，可都是相當愛惜呢！

京都店家暖簾的軟實力

不知道從什麼時候開始，坊間上討論國家競爭力的報導或書籍，突然出現一種「軟實力」的名詞，有人提倡台灣有獨自的魅力和優勢，可以不用和其他大國相較硬體建設上的輸贏，倒是在人民的創意和態度上大肆讚揚，認爲靠這點就能和先進國家在社會競爭力上一較長短。

想到這個嚴肅議題的同時，我正走在祇園花見小路上尋找可以買來送禮的特色小店，二者之間怎麼連結上的？答案原來是一間小店門上印有茄子的暖簾。這已經是在京都逛街的標準動作，進入店家前總會習慣先用左手撥開頭上的暖簾再走進去。有些店家的暖簾大而長，從外頭完全無法窺見店內風景，有些則是迷你可愛，彷彿只是聊表心意般地擺出來，好像是少女頭髮上輕夾的髮箍，讓人一見就開心。每次當用手撥開暖簾的時候，麻布質地的觸感輕拂我的左手，說得誇張點，當下就能憑暖簾的材質辨別自己對於這間店的喜好程度。

軟軟的暖簾和硬梆梆的燈箱招牌比較起來，其實都是這間店的招牌，但若要嚴格分析起來，硬招牌像是一個人的姓和名，軟暖簾則像是古人才會擁有的號。例如南禪寺名店姓名爲奧丹，號湯豆腐，此刻再來一陣風，吹得印有湯豆腐的暖簾前後飄啊飄，一席古意就這樣毫不保留地湧了出來。這就是我對於暖簾別有好感的原因，其實只要是感性面勝過理性面的人，想必都很難逃過京都暖簾散發出來的致命吸引力。

有天不安排任何計畫，輕鬆地在木屋町上沿著高瀨川散步，從三条通一路走到五条通，右邊是高瀨川的潺潺流水聲，左邊則是一家家等待傍晚

開張的小食堂和居酒屋。午後的陽光溫和許多，加上被高瀨川旁整排的柳樹吸附一半以上的熱能後，輾轉照映在左側店家上已經只剩和煦柔和的光線了。有間居酒屋門前的橘色暖簾上，正好落映著溫柔的陽光和樹影，我停下腳步看了好一會兒，照了陽光的暖簾，上頭的橘色變得更加飽和，我想起多年前曾在景美河堤，爲坐在身旁的女友剝著橘子的那天下午。

因爲心中開始對暖簾有了好印象，後續幾天不免多留意其他店家的暖簾。大多數人會在暖簾上印上店名，有的店鋪則會單純印上一個象徵性的圖案或是LOGO，總之構圖都是簡簡單單，留白的美學技巧應用得十分徹底。不過也有在暖簾上完全不放任何文字和圖案的店家，只印上不同色塊，一眼看去，呈現出的效果卻十分有魅力，讓人忍不住想要走進去瞧瞧。

走在京都的大街小巷裡，就能發現這些形形色色的店鋪暖簾，它們可以說是店主人精挑細選的招財法寶，路人可能會對各式各樣的招牌麻木不仁，但絕對抵擋不了京暖簾花招盡出的柔情攻勢。這就是京都店家秘藏的軟實力，力道可說是深厚無比，讓我不得甘拜下風，俯首稱臣。

五之五

看不見磁磚的牆面

你家的外牆也是貼滿磁磚吧！說來奇怪，我在京都卻很少看到這樣的牆面。

自己玩過裝潢，所以對於屋外牆面的材質也感興趣，多少有些研究。在台灣，家家大同小異，多用磁磚處理，花色紛雜，但施工方便。在日本，近幾年除了安藤忠雄的清水模異軍突起外，大多數家庭還是選用石材、木板條或洗石子做爲外牆面的素材。這種材質看起來很洗練，也雅致，重點是百看不膩。

磁磚是種相對新穎的建材，雖然也有廣受好評的復古磚可用，但卻很容易弄巧成拙，變成古不古、今不今的四不像。京都是座老城，舊建物的外牆看起來本來就十分老練，新建物也盡量裝老，外牆只用洗石子披覆，努力低調。在我看來，這不是八股，而是一種對老文化的尊重和呼應。整座城市耐看的就是這股老味，千年不朽，當然應該保留；要新不是不行，那就搞個超越未來的，所以蓋了京都車站。其他小屋小鋪就不必了，低調行事，跟著古城一起美麗就好！所以京都家家戶戶的外牆不用磁磚，寧願麻煩點搬來一車石塊，厚厚堆疊，也不願意便宜行事，壞了這城原本的韻味。

如果想要欣賞這些有味道的牆面，走趟哲學之道最快，沿著步道一直前行，瀏覽而過的兩旁店家和住家，就能發現許多讓人意猶未盡的美麗壁面。有面用紅磚堆疊的牆面，堆疊的方式極具巧思，疊了二層紅磚便夾疊一片黑頁岩，依照這個簡單的邏輯一路疊上去，原本只是古樸的紅磚牆有了黑色點綴，意外堆疊出莫名的尊榮和神祕感。在京都，光是紅磚牆的樣式就讓人捨不得走太快，有高瀨川流過的木屋町，沿路綠木扶疏，先不看綠，因爲路旁有間紅磚屋才非看不可。紅磚屋像是歐洲巷弄裡的小酒館，實際上也是，酒館名爲「Jam house」，我經過它的時間是下午四點，門口公告的營業時間是晚上七點開始。討不到酒喝，所以我只是經過。整間屋子全都是用紅磚堆疊起來，近看每塊紅磚間的接縫都不完美，前凸後翹，前翹後凸，沒有一個秩序可言。不過拉遠一看，屋子在陽光的照耀之下，竟然神奇地變成一棟讓人驚艷的美麗小屋。

5　3 | 1
　 4 | 2

1.哲學之道某戶人家的特色磚牆，有點神祕，有點貴氣。 2.狹長的小窗裡藏了什麼特別的服務員讓人好奇。 3.哲學之道某戶人家牆上的可愛貓插畫。 4.京都街頭少見的倉敷式白壁外牆。 5.高瀨川旁的餐廳，古老的紅磚牆面讓人食指大動。

Jam hou

驚豔的原因在於，每塊紅磚間不完美的接縫，都鑲上了不同灰階程度的陰影，交相堆疊出宛如觀看3D電影的超立體生命力。就那麼巧，順著屋子的高度長出一棵枯葉大樹，樹的高度超過屋子一點，但全身僅存樹幹和枯枝，一片葉子都沒留下。枯樹的孤寂感和亂砌紅磚牆面極爲相襯，兩者之間，靠著落在牆面上的樹影，進行最私密而溫暖的交談。

有些牆面的欣賞重點不在於建材質地，反倒是牆上手繪的各式圖案。日本人喜歡貓，有些太愛貓的京都人，直接把貓的各式模樣畫在自家牆壁上，路人看了直說可愛。有些牆壁被當成了圖畫紙，不知道是誰這麼有閒工夫，把牆壁畫成一座森林，森林裡還有樹屋和在樹下玩耍的小孩兒們。有時走在喧騰的京都鬧區裡，看到這些輕鬆可愛的手繪圖案，會暫時忘記幾分鐘前人擠人的黏膩感，恰到好處地提供都市最需要的短暫且珍貴的新鮮空氣。

京都壁面的美，美在年紀新舊，美在工法完美或是老邁斑駁。西陣地區的町家老屋甚多，行願寺是間待整修的老舊小寺，沿著寺外圍牆繞走，寺旁有間倉敷地區極爲流行的白壁造形老屋。黑格紋白壁屋子在京都並不多見，但要欣賞白壁老屋去倉敷就行，這間白壁老屋的特別之處，在於牆面上的嚴重斑駁。一大面土塊就硬生生地從牆面脫落，殘骸不知去哪兒了，現在只剩下帶有泥印的白壁、斑駁的黑格紋和一大塊光禿的牆面。我一經過，相機立刻拿起快拍，拍完就停在原地觀察一會兒。本想張口叫住女友，她已經遠離我的呼喊範圍，所以收口繼續觀看，靜靜欣賞這面讓我著迷的斑駁土牆。

五之六

打開京都的藍紅雙色印台

我不是個愛在旅行中蒐集紀念章的人，因爲總是忘了帶那本專用的小冊子，到了京都更是完全放棄這個從未貫徹的蓋章計劃。

藍染京都

對手工藝始終沒有太大興趣的我，只喜歡藍染。其實也不會做，只是愛這個名字，染得藍藍，應該很美。

走在京都的某天，放了大晴，是一個拿起相機隨便亂拍都是好照片的理想日子。這天走到平安神宮，多年前來的時候，正好錯過最後的入園時間；多年後，一償宿願，眼見大正橘紅的鳥居，此刻正染上了藍。顏色太過絕對，沒有逃離的必要，直接面對，曝曬自己。大太陽底下沒有新鮮事，至少我不再發霉，徹底乾燥了。乾乾爽爽走進神宮，鞋子磨著沙沙的碎石，平靜地律動。沒有雙手合十，沒有低頭祈求，沒有求籤問運，腳步繼續，連按快門，舉臂擦汗，這是我的虔誠信仰。

我問自己：還相信以後嗎？

自己回答：以後？從哪裡開始算起才是以後？

沒有以後，就過現在，現在就好好生活。我就活在一大片藍染布下，僅存的幾抹空白處。這裡的位置眞好，有美麗的藍可看，心情卻不會，那樣藍藍的。

神苑入口

紅印京都

京都，落紅了。

不是楓，葉子還綠得很！我是說舉目所及，看得到的那些地方。像印泥打翻遇了水，眼中的京都，大紅一片。不用擔心會沾染，我就算一身白衣白褲白鞋，保證安全得很。只是順著脈搏跳著，依著血液流著，自然佈滿的紅色，是讓人既興奮又感到最有人味的顏色。

那張不知是哪位好心人放在哲學之道起點的紅長椅、路上標有「花」字的招牌、平安神宮裡的大紅紙傘、小徑旁一戶人家大門上的小紅籃、禁停單車的標誌、婆婆準備開店而披上的紅桌巾和提供茶點的紅矮桌。一切都紅了，血液翻滾了，天正熱，我，正聽著熱情的歌。聽的是張懸，一個唱起歌來有些大陸腔調的創作女歌手，來自台灣。她的聲音有點沉，卻靈活跳躍。有點朦朧，卻讓我清醒。歌名全不記得了，旋律倒很熟悉，能跟著打拍子，很適合散步京都的時候聆聽。一切都很對味。

落紅了，如同血液，又繞了身子整整一圈。

東司

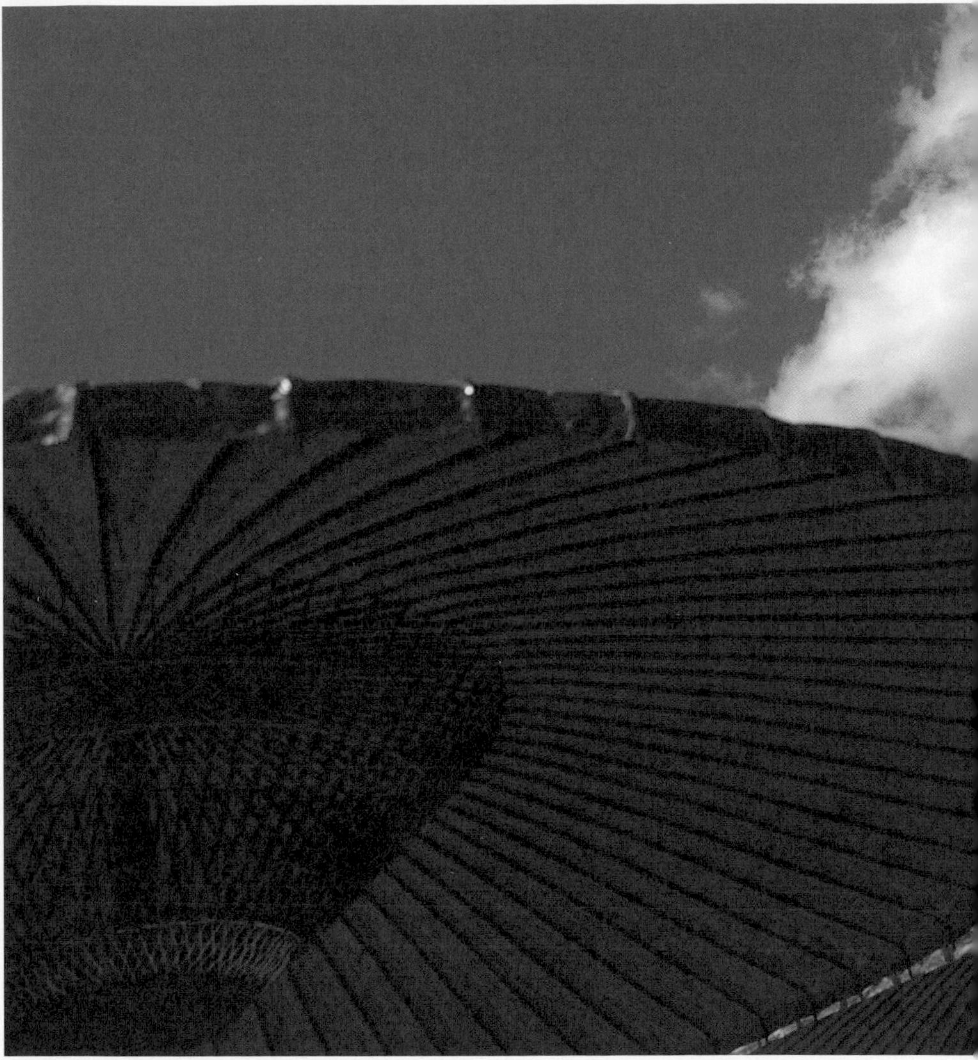

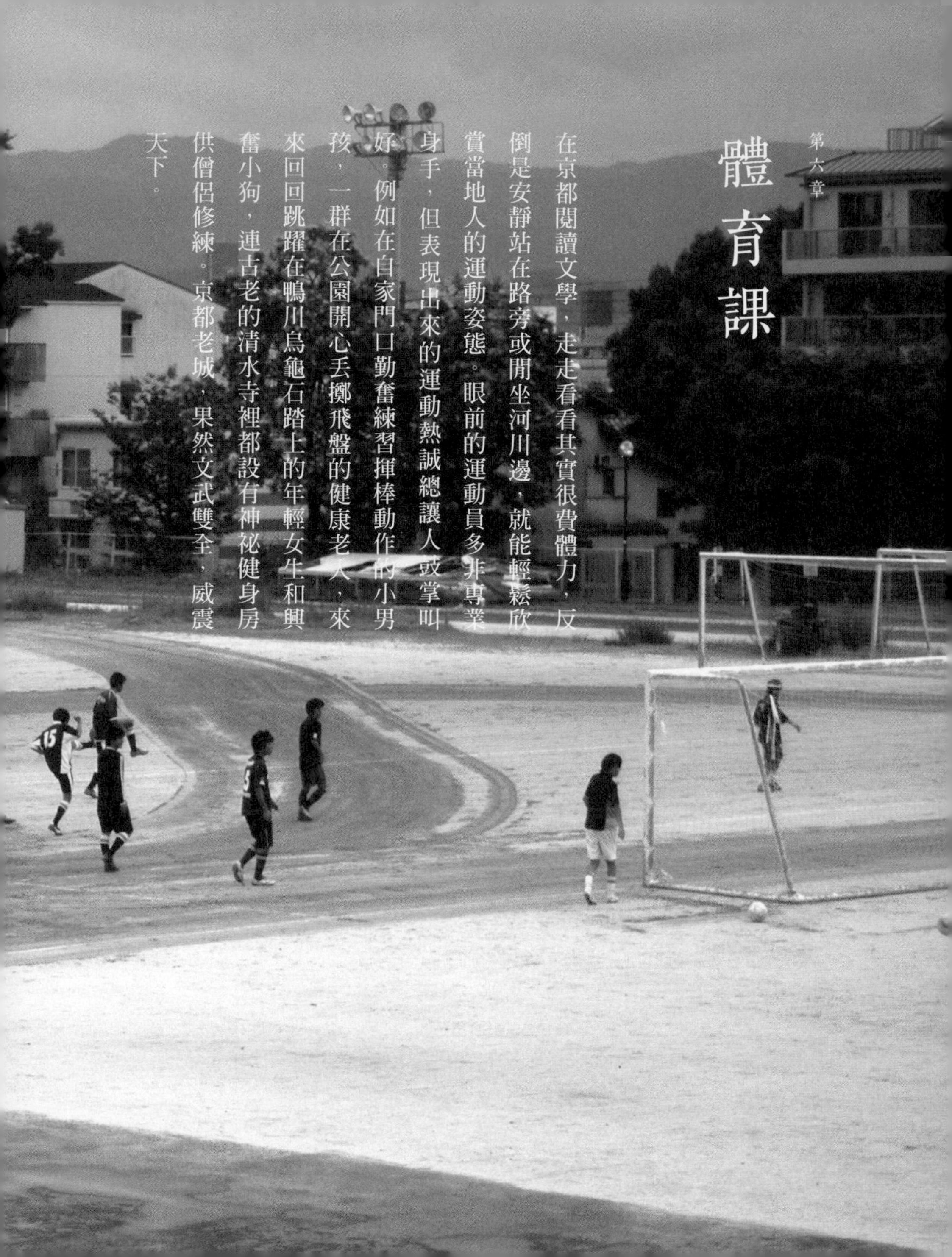

第六章

體育課

在京都閱讀文學，走走看看其實很費體力，反倒是安靜站在路旁或閒坐河川邊，就能輕鬆欣賞當地人的運動姿態。眼前的運動員多非專業身手，但表現出來的運動熱誠總讓人鼓掌叫好。例如在自家門口勤奮練習揮棒動作的小男孩，一群在公園開心丟擲飛盤的健康老人，來來回回跳躍在鴨川烏龜石踏上的年輕女生和興奮小狗，連古老的清水寺裡都設有神祕健身房供僧侶修練。京都老城，果然文武雙全，威震天下。

六之一

出町柳的跳烏龜

跨越鴨川的方式，在京都人的生活習慣裡，走路或搭車過橋是最普遍的辦法。橋兩邊都設有規劃良好的人行步道，鴨川的寬度以正常人的步伐，大約三分鐘以內就可以走完。這三分鐘的步行距離，可以一路摸著橋上的圍欄，手中馬上就會傳來陽光曬過留在圍欄上的高溫，眼睛看著川後遠方的山景，這個時候總忍不住望著腳下流過的河水，巴不得此刻雙腿就泡在沁涼的鴨川裡。

我這麼想，京都人同樣也是，所以他們有另一種橫渡方式。

要實現這種橫渡鴨川方式的唯一位置，就在京阪電鐵的出町柳站。出了車站，旁邊正是鴨川，還有座今出川大橋。跟我一起出站的人，同樣往鴨川的方向移動，卻只有三分之一的人選擇直接過橋，另外三分之二的人低調地從橋旁的小石階往河床走去。我也是那三分之二人群的一員，當然不是盲目跟著多數人的腳步，因爲在這小石階的盡頭，有讓我想念已久，每次來京都不忘拜訪參見的鴨川神龜。

神龜已化成仙，靜悄悄地以石尊之姿，一動不動坐在鴨川的某個定點上。就算踩在龜身，牠也是不吭聲，所以我決定坐下來，捲起褲管，雙腳猶如插進冰塊裡埋入河水中，讓冷溫度從末梢神經一路傳達到後腦勺。此刻所有酷熱感全散了，就算沒有風，我也已經穿上可以抵抗整個夏天的絕佳防護衣。跟我一起坐下的人不多，因爲適合這樣坐著的石烏龜只有三尊，其他的烏龜、石千鳥和石板，都是當地人用來橫渡鴨川的必經道路。這條由烏龜和千鳥串聯起來的水上道路，就是京都人另一種橫渡鴨川的特殊路徑，放著頭頂上的水泥大橋不走，寧願小心翼翼算好起腳時間和跳躍距離，一個跳過一個，跳完烏龜跳千鳥，跳著跳著就到了河的對岸。與其說是眞爲了要過河，不如說特地跑來這裡玩跳格子遊戲，尤其在陽光比較溫和的日落前二小時，參加這場遊戲的人變得越來越多。

今天的跳格子遊戲我已經提早玩過，所以決定選隻烏龜坐下來，好好觀看接下來幾位參賽者的跳躍姿勢。參賽的人沒有分組，卻不約而同地以年輕女生報名的最多，有人穿著短裙就上場，跳的動作謹愼卻俐落，可能是因爲後面總會跟著一位年輕帥氣的護花使者，所以跳起來也就更放心了。來玩遊戲的上班族也不少，一手拎著公事包，一手還要不時拉高褲管，小心提防被突然衝來的河水濺濕。上班族的跳躍動作果然有些驚手驚腳，不如後來看到的一隻金黃小狗來得輕巧，主人先走在前面，轉頭叫了一聲牠的小名，咚、咚、咚、咚……連續不斷的幾番跳躍，馬上從河的右岸來到左岸。我心中高舉滿分的牌子，主人在岸上高興摸著小狗的頭，嘴裡喃喃一陣，狗狗開始搖起尾巴。

接下來幾位參賽者的表現平平，雖然沒有人意外落水，大多數的人都是跳完一格後先停頓幾秒，轉換了幾口氣後，才又小心翼翼跳到下一格去。這樣的表現，讓我漸漸把注意力從跳烏龜的人身上移開，這時才感覺雙腳似乎浸泡在水裡也好一陣子了，舉起腳底板看看，奇妙的是竟然沒有浮起難看的皺紋，只有小腿上茂密的細毛隨著河水悠哉的流擺著。忍不住開始研究起自己的小腿和腳底板來，膚色變得比較白了，連腿形的線條都變得更有立體感，鴨川水流的洗淨力可真不是蓋的！

有一次特地在天黑入夜後跑來這裡，眼前的河水只看得到月亮的反射光澤，河上一長串的石龜和千鳥好像蓋了一條夏被，只能辨別出大致的形狀來。河水的流速變得更快些，甚至漲潮蓋過了一、二塊石板。河中央的沖積地有群年輕人蹲坐著，遠看像是在進行一場夜晚的鴨川談心活動，平和的氣氛和詭譎的河水完全不同。我特意挑選晚上來這裡的目的，也就是希望踩著更小心翼翼的腳步，鼓起勇氣一次不停斷地跳過這段帶有詭異風格的夜龜之路。無奈的是，好不容易準備好的滿滿勇氣，卻被一隻窩坐在石板上的綠頭鴨給洩了氣，牠老兄一副「干我啥事」的表情，硬生生打亂了我原本自豪的跳躍節奏。呱呱—呱—呱呱呱，呱呱—呱—呱呱呱，倒是牠自有頗為得意的呱呱節奏。

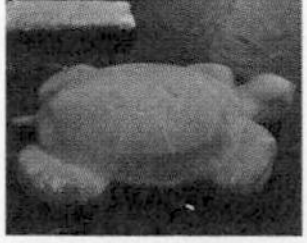

出町柳跳烏龜

搭乘市巴士至「出町柳站」下車，步行約3分鐘至川端通和今出川通交界處即可。

六之二

古僧的練武場

我相信古人是會輕功的，如果他們眞舉得起這些兵器的話。這三件分別重達百斤以上的鐵製兵器，就放在清水寺入口處。多年前第一次來到這裡，試圖舉過，最後當然沒有成功；多年後吃胖了些，再舉一次，還是無功而返，殘念！

這裡通常是旅遊團導遊最先會介紹的點，因爲有現成道具可以解說，很容易讓遊客覺得生動有趣。一群高中生身先士卒，只見每個人咬牙切齒死命舉起，臉紅筋青，兵器卻不動如山，頂多上頭鐵環聊表心意輕動一下，馬上又恢復平靜。那群高中生徒勞無功後，不久來了一位體格壯碩的外國光頭男子，他身著背心，胸膛肌肉豐厚，手臂直徑寬得讓我忘塵莫及。他展現一夫當關的氣勢，直接挑選難度最高的法杖，雙手確實抓緊，紮穩馬步，開始看見他手臂上的肌肉線條彈現，嘴裡喃喃自語著家鄉話的

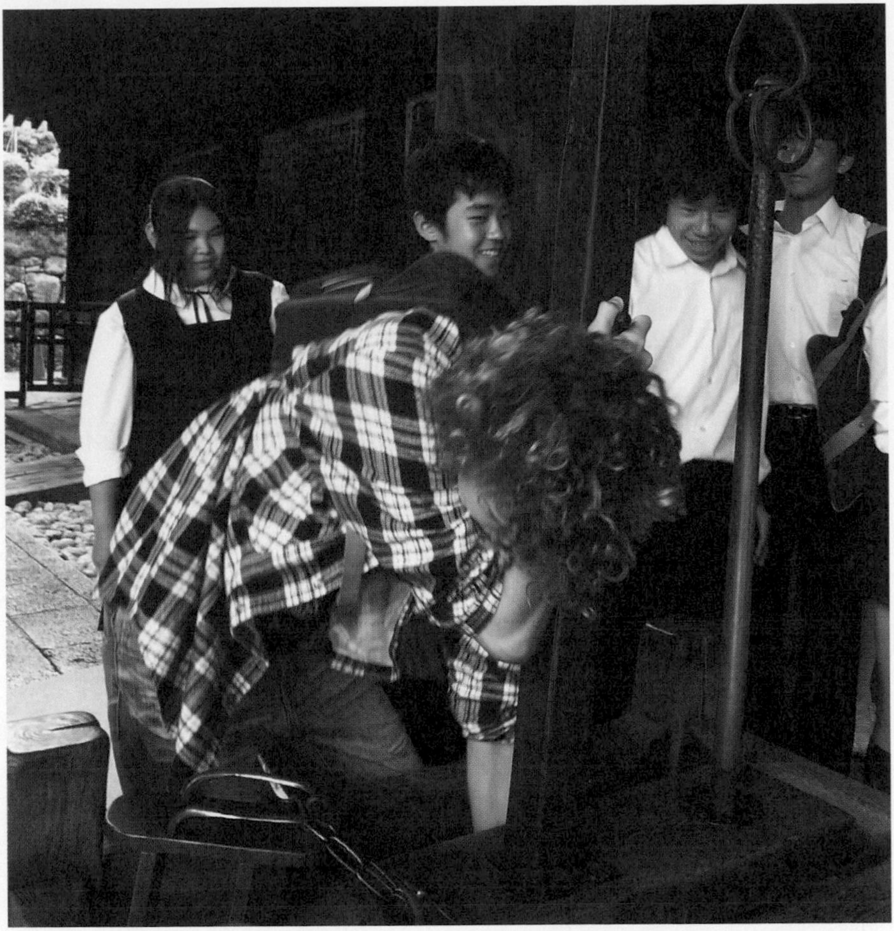

自我激勵語言。電光火石之間，重達百斤的法杖眞被他舉起，雖然舉起的高度不到十公分，馬上引起圍觀眾人的尖叫和歡呼。當歡呼聲一起，他手臂上浮起的青筋立刻消失，轉頭一看，原來他的雙手已經離開法杖了，而周遭的歡呼聲仍繼續著。老外就是老外，得意的情緒完全表現在嘴角的狂笑：「go,boys！」他轉頭對著隨行的兒子喊叫。你老爸做到了，現在該換你這個毛頭小子上場啦！

圍觀群眾中藏了一位導遊，他趁著眾人看熱鬧之際，把握大好機會和同行的團員說明這些兵器原來都是古代僧侶練功修行所用的道具，並非殺敵之用。透過女友的現場口譯後，我心想原來只是道具啊！其實應該也是如此，我想就算是關公恐怕也無法談笑風生地揮舞耍弄，大不了當成練身體的啞鈴，做做重量訓練，練練肌肉罷了。或者，應該說是一種意志上的磨練，內功心法的修爲，明知不可爲而爲之，有朝一日才能成就大事。不過，這些古代僧侶究竟會有什麼大事可忙？

佛曰不可說。噓……我閉嘴就是。

六之三

街上遇到的素人運動員

別以爲京都已經有一千二百多年的歲數，容貌和肢體動作早已老邁不堪，當はるか特急號抵達京都車站的那一刻，我覺得眼前看到的車站面貌，根本就是一座太空城的規模。超時空的活力，似乎是京都想要給外地人的第一印象，儘管車站以外的街道巷弄眞有老邁痕跡。我喜歡走在街上，沒有預警地鑽進小巷，偶爾帶點小跑步的動作搶過馬路，還有些氣喘吁吁地繼續探索下一條京都巷弄。

不知不覺之間，我已經開始在京都老城裡運動起來。

雖然不是多麼劇烈的運動，充其量只是揹著相機包，手拿單眼相機，徒步從四条通走到銀閣寺，再反方向地橫移到金閣寺去。那天眞是累壞了，回到飯店忍不住攤開地圖，計算這天究竟徒步走了多少距離。答案是三十五公里。這是目前爲止我在京都一天內走過的最長距離，老實說，會讓我回想起當兵時的行軍記憶。用這種方式逛京都根本是在玩命，所以也只試過一次，不過總也讓我遇到有趣的事，例如遇見了和我一樣，正在努力進行著某種運動的素人運動員。

這是前往平安神宮路上遇到的事，通往神宮前的道路旁有片小草地，草地上出現了七、八位年過六十的阿嬤和老伯。他們各自散開安靜站著，每個人屏氣凝神，緊盯著從一位阿嬤手中射出的飛盤。飛盤一出，原本時光凝結的其他人，彷彿接獲指令，立刻開始左右前後移動起來。從沒看過老人丟飛盤，不過根據他們所排出的陣形看來，感覺像是某種組織已久的固定聚會，一個人丟飛盤，所有人馬上訓練有素地跟著移動，直到另一個人接到了，其他人才停下腳步然後鼓掌叫好。站在旁邊看了一會兒，他們幾乎沒有在意我這個陌生的旁觀者，繼續丟飛盤，比誰丟得遠，比誰接得準。

想想自己也好久沒有丟過飛盤了，印象中技術並不怎麼樣，漏接是常有的事。記得小時候還流行過一種迴力鏢的玩具，彎月型的，造型比圓胖胖的飛盤還酷一點。念小學的時候丟過一次迴力鏢，運氣很好，射一次就砸中了正在運動的老伯伯。結果當然被罵到臭頭，印象很深刻，那位老伯一手壓著被迴力鏢砸中的脖子，還不忘用另一隻手指著我破口大罵。這麼說來，此時安安靜靜看著眼前的老人玩飛盤是最明智的決定，也幸虧他們沒有邀請我一起加入。其實人生走到這個歲數，計較誰擲得比較遠，好像都不是那麼重要了。一群人可以像現在這樣開心玩樂，比當個大富翁還要幸福吧！

還有次去西陣地區採訪一家蜂蜜店，路途中不幸迷路了，繞來繞去就是找不到。在極其相似的街道中重複穿梭，偶然瞥見一個小男生站在自家門口，一次又一次認眞練習著揮棒動作。男孩手中的球棒頓時充滿渾厚力道，眼睛望著街道向後延伸的遠方，盯著不存在的紅線球，直直落進幻想中的全壘打牆後方觀眾席上。我佩服小男生如此專注的練習態度，記得那天下午風和日麗適合玩耍，他卻獨自站在家門口，不停重複練習著標準而有力道的揮棒動作，儘管身邊沒有人督促，我相信小男生對於棒球的這份熱愛與嚮往，就是來自於那位看不見而要求嚴格的魔鬼打擊教練。

タカタ

第七章

慶生會

假裝自己是京都人在京都生活，如果連生日都能在這裡度過，那就眞的太幸福了。儘管今年的生日還沒到，但我決定安排幾種屬於京都人常見的娛樂活動，全心全力參與其中，爲即將到來的生日暖場熱身。雖然眞正的京都人不愛過度操勞，保持優雅才是他們的生活氣質，但我這位準壽星仍然從白天的西陣町屋，中場不休息，一路玩到夜晚的鴨川兩岸，跟自己說聲happy birthday！

七之一

吃飽了再上路

Oggi café

這個世界上好像有種不變的潛規則：好東西永遠不會只有自己知道。

發現這間店的同時，朋友在我的部落格相簿也同聲驚呼：「這家咖啡店我也有去過！」那是一位名叫貓的友人，學校老師，同時也是很有才華的插畫者。她用色鉛筆幫這家店畫了一張圖文並茂的遊記，自己收藏，同時也複製一張寄給老闆。那時我想，如果自己是咖啡店老闆，收到這張可愛的圖文信會有什麼想法？好像默默被人觀察記錄了，不過是用可愛的方式被注意，好像也沒什麼好擔心的。想到這兒，應該會有「真好，又遇到了一個好客人，下次再來吧」這樣的心底話吧！

這是我第二次經過oggi café，但這是第一次走進去，還點了餐，拍了照，和可愛的女店員哈拉幾句。咖啡店位在五条坂入口處沒多遠，遊客和當地人一大早就準備沿著這條路，散步到清水寺參拜或入內慢遊。咖啡店老闆好像是在馬拉松賽進行中，站在路邊幫忙遞水和加油的熱情觀眾，打開店內橘黃黃的燈光和慵懶懶音樂，將咖啡店的本日菜單很有自信地擺在店門前。「來呦來呦，這裡有好吃的早餐喔，吃飽再上山吧」老闆的加油聲跟一般人不太一樣，是用香味和音樂來鼓勵人的，效果好像更有用呢！

喜歡整間店的感覺，什麼感覺呢？具體的說，其實只是很簡單而不匠氣的擺設：例如鑲了玻璃的深色木門，還沒推開，就能透過玻璃看見裡頭的橘黃燈光。橘黃燈光是整座空間的重點，讓人食慾大增，讓人慵懶大發，讓人覺得溫暖，讓人連清水寺都不想去了。張張桌椅都是最基本款，沒有華麗雕花，沒有鑲了什麼難看裝飾品，有靠牆的長桌，適合單身旅人入坐或情侶檔依偎，也有讓一家人聊天專用的橢圓大桌，奇妙的是，坐下來心就定了，然後翻菜單，然後準備吃飯。如果要說全店最奢華的裝飾，我猜是櫃檯上的那座大型收銀機，造型復古，還有一根根像吃角子老虎機器上的拉桿，如果沒說實在搞不清楚它眞正厲害的地方。不過結帳時就會發現，收據上有用拉桿打出的日期字樣，可以當作來這裡到此一遊的紀念戳印，或是當作和某人曾經一起約會用餐的甜蜜見證。

發現那位可愛的女店員，是在結帳的時候；她的笑容很鄰家，知道我是台灣人，興奮地說自己很喜歡飛輪海的吳尊。我說吳尊是汶萊人不是台灣人喔，她很驚訝，我則擔心她心底會不會開始覺得「原來嘛，台灣好像沒有眞正的帥哥喔」如果因此讓她誤會了，我眞對不起全台灣所有的男人。其實台灣帥哥是有的，比我帥的滿街都是，因爲沒有比吳尊帥，而且又揭發了他不是台灣人的祕密，所以後來也沒再和可愛的女店員聊太多便匆匆結帳離開。準備走出店門前，心底好像有點遺憾浮了出來，不確定是想約她吃晚餐而沒膽開口，還是眞的在乎比我帥的男人比比皆是。

離開了oggi，肚子裡剛剛吃進的東西正在消化：蛋包飯、咖哩飯、卡布奇諾還有前菜沙拉，一道一道慢慢融化成爲各種養分。我不是營養師，分析不出每種養分對人體有益和無益的比例。當所有食物融合後發出一種讓人懷念的滋味，卻是在離開oggi後慢慢散發出來的。我的腳步正往清水寺移動，已經是第三次走在這條路上了，晚點下山的時候打算走另外一條二年坂小路，這樣的話就不會再經過oggi了。一想到這裡，突然有點捨不得，也不是捨不得那位可愛的女店員和那些餐點，認眞想一想，好像是捨不得店內溫暖的鵝黃燈光，軟軟的，快把我完全都吃了進去，一口也不留。

oggi café

☼ 09:30-18:00 ☎ 075-533-0881 〒 京都市東山区清水四丁目190-1シャトー清水1F

搭乘市巴士至「五条坂」下車，沿著五条坂步行而上約十分鐘即可。

七之二

嘗了點京蜂蜜的甜頭 Dorato蜂蜜店

某天早晨起床，心頭突然有種說不出的苦澀味道，伸了舌舔舔嘴角，苦不在嘴角。右手掌再摸摸左心房，心跳速度比正常慢了二拍，所以也不是心臟病要發作的前兆。那到底在擔心什麼，在苦澀什麼呢？

很自然的，當時的我很想嚐點什麼甜的，如果手邊剛好有菠蘿麵包那是最好不過，如果沒有，放顆方糖在熱水中，一杯甜水也能讓我好過些。很可惜，以上方案都被推翻，既沒有麵包也沒有方糖，嘴巴還是苦得很，甚至有點發酸的傾向。「這樣下去可不行！」決定不再賴床，推開飯店品質良好的蠶絲被，刷牙洗臉後，穿了牛仔褲和黑上衣，趕緊跑到飯店餐廳找點什麼甜的食物來入口。離開飯店前，肚子裡確實塞了兩顆小菠蘿麵包和一杯加了兩份糖的熱咖啡，不過在吃進這些甜食之前，還是照例先吃了幾根培根。「先鹹後甜」的用餐習慣從小到大都沒改變過，甚至連滿腦子都是想趕快吃到甜品的急迫當下，還是沒破例，照規矩得先嚼了幾片培根再說。

不過當天的行程，倒眞的是要去拜訪一家專門賣蜂蜜的小店。蜂蜜夠甜了，一想到這點，舌尖又忍不住舔了舔嘴角。這家名爲「dorato」的蜂蜜專賣店，地址上的位置是在西陣巷弄裡，原以爲到了西陣應該就不難找，結果卻是比想像中的還要難找。如果只是我自己找不到也就認了，這間店難找的程度，竟然連請當地人帶路都還費了一番功夫才找到。只能說這家店實在是非常低調，好像本來就不打算讓人發現似地隱藏在巷子裡。

原來dorato藏在兩排町家中間死巷弄的最後倒數第二間，外頭沒有招牌，錯過是一定的。不過到了店門口，就馬上能確定沒有找錯，因爲從店外透明玻璃窗看進去，就能看到各式各樣的玻璃瓶裝蜂蜜。第一印象是：好像是一座由京都政府祕密資助的蜂蜜實驗所，正在推行什麼不爲人知的蜂蜜計畫I、II、III。店裡果然夠神祕，剛推門進去沒看到老闆，叫了幾聲還是沒人應。只好自己厚臉皮地先逛了起來，拿起各種瓶裝蜂蜜仔細瞧瞧，放回去的時候刻意發出一點聲音。

果然，神祕的女老闆出現了。看她的表情，好像在說「咦？祕密行動被發現了嗎」這樣的錯愕，表明我是來自台灣的遊客後她更驚訝了。我一直被她的驚訝表情所疑惑，後來才弄清楚，今天根本是休店時間，只是店門忘了關，而我又大刺刺闖了進來。眞是什麼跟什麼，她的祕密行動並沒有被我發現，唯一發現的，是這間店的正確營業時間。

不過在她下逐客令之前，果然還是表現出京都人獨有的脾氣，她沒有問我要不要吃茶泡飯（京都人如果要趕客人的話，都會禮貌性問這句），而是一直彎腰低頭抱歉地說：「不好意思，我正在裡面忙呢，你慢慢看喔，不好意思呢！」我其實沒聽懂她說的話，但光看表現出來的肢體動作，就知道該識大體地慢慢往門外移動。我慢慢往門外退出，女老闆慢慢向前逼近，彼此都在鞠躬哈腰，都在說「不好意思」，但雙方的移動方向仍是很有默契地一退一進。終於，我退出了店門，她也親切地站在門外和我揮手再見。

「再見，再見！」我其實連一口蜂蜜都沒有嚐到，但京都人這般的親切態度，竟讓我的嘴角滲出了甜甜的滋味。老闆又再度揮手道別，好像畫出了一道七色彩虹，像是店裡陳列的彩虹蜂蜜般，用很甜蜜的方式，將我送出了死巷弄之外，直到我看不見她（她看不見我）爲止。

Dorato蜂蜜專賣店

☼ 13:00-18:00（週四休館）　☎ 075-411-5101　〒 京都府京都市上京区大宮通五辻上ル西入ル紋屋町323　搭乘市巴士至「今出川大宮站」下車，步行約5分鐘即可到達。

七之三

一場從銀行ATM裡提領出來的京都夜派對

我最愛的日本作家村上春樹，寫了一本《夜之蜘蛛猴》，同樣是賴明珠翻譯的作品。有時搞不清楚，我究竟是因爲習慣了她的翻譯文體，還是眞的喜歡村上的書寫風格？同樣身爲日文翻譯的女友總笑我連五十音都記得不齊全，但總的來說，我拜訪日本的次數，卻剛好是她的三倍。這個世界上沒有一件事可以完全清楚解釋，書中主角說的一句「黑寶黑黑漆漆麻烏漫畫托提木呀、苦力呢卡馬斯托氣密哈克魯、帕克帕克」，愛模仿的蜘蛛猴也快速重複了同一句話，彷彿就是一道夜的咒語，我在今出川大橋右岸的MIZUHO銀行裡的自動提款機前，突然想到了書裡的這句話。

原本是爲了嘗試從提款機直接提出日幣來，但最終失敗後，索性開始玩起提款機旁附設的計算機。日本人的貼心眞是無所不在，不過是提款或匯款，以我的生活經驗法則來看，實在想不出什麼時機用得到附設的計算機。走出MIZUHO銀行，雖然還是沒有領到錢，但卻想到了那句夜的咒語，眼前的今出川大橋像是通關入口，當下瞬間，我決定加入一場京都的夜晚派對。派對從橋下的鴨川公園開始，時間是晚上九點左右，鴨川匯集交叉點的三角洲上，散坐一些正在開心聊天的年輕人。我避開他們，踩著河上的烏龜和千鳥，冒著視線不明的危險跳過鴨川到對岸。過程還算十分順利，我通過這京都夜派對的入口，開始一段在京都夜晚尋歡作樂的煽情時光。

渡過鴨川上了岸，刻意想去京阪電鐵二號出口旁的公共廁所，廁所外是座不起眼的小公園，公園旁則停滿了排班等待客人上門的計程車。我走進這座運將最常使用的小型廁所，使用完畢後，果然再一次證實日本人不論何時何地，都會努力保持公共環境整潔的良好習慣。離開廁所來到地下道入口處，意外發現牆壁上有個可疑又詭異的「防犯押釦」，其實就是行人遭遇歹徒或緊急事故時可以使用的緊急按鈕。這種按鈕平時都被一層透明硬塑膠蓋給安全保護著，直到行人遇難時，才會被慌張地用拇指或食指猛力扳開，搶在身體受到傷害前死命按下。我只對著「防犯押釦」按下手中相機的快門，沒有任何犯罪意圖，目前人身也處在極爲安全的情況。

那晚，在打算回到民宿休息前的最後一個行程，我選擇來到四条大橋欣賞夜間的川床美景。橋上人潮熙攘依舊，儘管是以悠閒步調和歷史古感聞名的京都，晚上十點左右路上還是可見許多身著西裝和套裝的上班族男女，爲工作忙碌的宿命全寫在他們臉上。我獨自倚在大橋圍欄邊，對著眼前還留有燈火的川床靜靜看著。把自己眼睛當作相機的對焦系統，時而對焦，時而失焦，家家燈火由銳利轉爲朦朧，夜越深失焦越爲嚴重。拿起相機隨意拍了幾張，嚴格說，只是拿起來拍，眼睛視線完全停留在相機後方絢爛的川床燈火。

直到回到民宿房間，照例把相機圖片輸入電腦硬碟，右手手指不斷向下轉動著滑鼠滾輪。終於看到畫面下方的最後幾張照片，我拍的川床照片果然因爲嚴重晃動而顯得模糊不清。不過幸運的是，還好晃動的夠劇烈，川床的形體已經完全認不出來，只剩猶如蠟筆上下塗刷般的動感筆觸，川床下的鴨川也染上對稱的色塊。搭配今晚京都醉人的夜幕和月光，我的京都夜派對，幸運地結束在如此華麗的鴨川水舞台上。

自転車を除く

以一個外地人在京都短暫生活的角度來看，京都根本就是一座搭在文教區的大戲棚，每天無時無刻都有人輪流上台表演。有人不見得眞的是唱歌跳舞，可能拿了自家種植的蔬菜就毫不膽怯地上台兜售，有人則確有兩把刷子，練就一番好歌藝，拿起一把吉他和紙箱，週末夜晚就在四条大橋上哼哼唱唱起來。不只如此，京都人的表演慾似乎特別強烈，連某位正認眞煮著拉麵的師傅，我也合理懷疑他正在進行一場超水準的演出。

遇到あんず(anzu)小姐的地方是週末夜晚的四条大橋，通常這個時候，橋的四周都會有一些街頭藝人正在演出。前年的同個地方，我看過一組表演爵士樂的業餘樂團，在靠近電車車站出口的地方熱情演奏。那晚是自己一個人在京都的最後一晚，我的身體跟著節奏小幅度搖擺著，寂寞的情緒不見了，卻又開始對京都感到相當依依不捨。這次遇到的是一位自彈自唱的創作女生，她的打扮很繽紛，十足的高校生模樣，但歌聲卻是意外的溫暖，關於這點我和女友意外一致同意。

一起停下腳步聆聽的人大約有五、六位，是很認眞聆聽的那種，而不是假好心聽聽，然後大表同情地扔幾枚硬幣就走人。此刻，是一場在京都四条大橋live舉辦的あんず歌迷會，我和女友安靜地聽著她連唱兩首動人的自創曲。爲了能更專心陶醉あんず歌溫暖的歌聲，我轉身面對鴨川，看著川床上品嚐美食的饕客和正在川邊聊天擁抱的情侶，身後的歌聲彷彿貼著我的耳邊唱著，把我整個人都融化在這京都的夜晚。

あんず小姐連續唱完兩首歌，停下來喝口水，我走上前去買了一張她自製的ＣＤ。七首歌賣一千日圓，包裝只是簡單用透明玻璃紙包覆，我請她簽名，她還很貼心地加上我的中文名字。「這是目前爲止在京都買到最好的紀念品了！」轉身開心地和女友說，雖然來到京都已經五天了，這張ＣＤ卻是我在這裡買到的第一件omiyage。

可惜的是，あんず是我在京都十天內唯一遇到的走唱歌手，我原本希望可以在京都多聽幾場現場演唱，這和聽大型演唱會一樣讓人感動。尤其我多期待能在出町柳的三角洲上，聽到一場就算歌聲略帶青澀但每首歌都是自己創作的素人歌手演唱會，當然，如果表演歌手是飛鳥涼或張懸或蘇打綠，那就再美好不過了。

這個小小的心願目前爲止還沒有機會實現，不過隔一天和女友倒是在三角洲上，遇到一群從事另一種形態表演的人馬。是一群來自京都造形藝術大學的學生，遇見他們的同時，還見到身旁堆了一團五彩繽紛的氣球。

出口
EXIT

我們才剛踩著石龜跳上岸來，就被這群學生中途攔下，希望我們能幫忙在這些氣球上簽名，支持他們的創作活動。對於這種行動藝術我們一向很欣賞，所以我請女友趕快去簽名，自己則在旁邊用相機記錄這有趣的一刻。

京都的確是座大戲棚，每個生活在這裡的人，都有一種以上的角色需要扮演，只是什麼時候上台和謝幕都不一定，所以大家偏愛即興演出的表演方式。有時不知不覺中，自己對眼前事物大驚小怪的表情也成了旁人匆匆一瞥的可笑戲碼，或者我正在偷拍的路人或隨地垃圾，也意外成爲今天戲棚上表演的卡司和道具。

第八章

校外教學

學習京都人最眞實的生活，偶爾一次出城的戶外郊遊，絕對是行程中必須安排的餘興節目。搭上JR奈良線，往茶的故鄉宇治前進，到站後先來碗宇治金時冰，再到茶舖老街悠哉品茗。火車終點是梅花鹿的故鄉，來到東大寺前享受和鹿開心追逐的午後，進了寺後別忘了向大佛虔誠膜拜。下回時間若夠，路線拉到鞍馬和貴船，當然嵐山、嵯峨也不錯，只要搭上支線電鐵一來一回，京都之外的小旅行就能有個happy ending。

P

八之一

從早逛到晚都很開心的錦市場

來到京都如果肚子餓了，有幾種方式可以解決，一個是到四条通上的摩斯漢堡，點一份八百日圓以內就能打發的套餐。或是走進對面的錦市場裡，準備一張千元大鈔，就能像在台灣逛夜市般，吃到許多道地又有飽足感的庶民美食。

錦市場是京都人的廚房，更是遊客打牙祭的天堂，如果起得太早睡不著，早上八點到市場裡，可以看到商家們正在準備開店工作的忙碌畫面。賣各式乾貨食材的老闆娘，仔細將所有商品整齊陳列在長桌上，非常專心，根本沒注意到我在旁邊偷偷觀察她。走到賣京都漬物的店家前，看見師傅正在從一大桶醃漬物中，徒手拉出一條條塗滿味噌的胡瓜，然後整齊放在平台上，好像軍隊集合一樣的井然有序。至於賣海鮮的，自然就是殺魚和洗魚，一家店裡有好幾位師傅正在處理剛從漁港送來的新鮮漁獲，大家都在搶時間，爲了鮮美海味，不快不行！

繼續往前走，經過一家名爲「三木雞卵」的店，見到店門已經拉開，門後廚房裡站了三個男人正專心地煎著蛋餅。三個男人不斷用長筷翻弄著平底鍋內的蛋，一份煎熟了，就再繼續煎第二份，然後第三份……看到這一幕，就能肯定這家的玉子燒絕對好吃，「認眞」就像一種獨門的調味料，有了這味，什麼食材都能變成山珍海味。三個男人旁邊各自放了一大桶早已打好的蛋液，邊煎邊撈，速度很快，在重複的機械動作之中，每份可口的玉子燒裡都加入了師傅們的用心和專注。

這是早上八點左右的錦市場，遊客和市民還沒踏進來，忙碌的全是老闆和夥計，好像所有人都默默在進行什麼祕密計畫般。因爲起得太早，看完了八點的錦市場，又回飯店小盹片刻。下午兩點再回到市場，被滿滿的人潮嚇了一跳，如果在市場入口處有發號碼牌的話，我拿到的號碼可能是四位數的號碼了。午後的錦市場，比較適合用人聲鼎沸來形容，熱鬧但卻不吵雜，走道中央的消費者和店老闆忙碌交易著，也有人雙手拿滿食物，滿足地張嘴吃著。錦市場的美食琳瑯滿目，每家店都有自己的招牌料理，找一間店坐下來好好品嚐，是最輕鬆的用餐方式。不過說到最貼近當地人的吃法，肯定是像劉姥姥逛大觀園一樣，邊逛邊吃，才能品嚐最眞實的市場美食滋味。

市場內的必吃美食，例如早上遇到的那間三木雞卵，店裡販賣的玉子燒種類很多，多是加了不同內餡的綜合口味，由於是事先煎好的，所以買到手的玉子燒都已經放涼。不過涼了沒關係，好吃的食物絕不會讓溫度影響到它本身的口感，熱的涼的都好吃，三木雞卵的美味果然名不虛傳！點了一份三角形的玉子燒，分量不小，幾乎可以當作一份三明治來吃。從裡到外，都是雞蛋獨特的鬆軟口感，裡頭包了紅蘿蔔絲、玉米粒還有其他蔬菜丁，一咬下去，舌頭先嚐到半液態狀的甜美蛋燒，香氣緊接撲鼻而來，忍不住趕快就把剩下的玉子燒大口呑進肚裡。

嚐過了開胃菜，再來個中央米穀自製的五穀飯糰塡飽肚子，米香濃郁，點綴養生五穀，可以把五臟廟撐到七分滿。再來一些剛炸好的天婦羅吧！除了吃得到新鮮魚漿的甜味外，帶點油氣的天婦羅，可以再把肚皮撐到九分滿。最後，不讓肚皮破表，來杯酸酸甜甜的柚子茶，去油解膩，生津止渴，讓飽足感回到八成左右就好，這才是最理想的一餐分量。美食種類眾多，任你選擇，可以先從頭逛到尾，默默記下讓你口水直流的店家。回過頭來，再開始蒐集各種庶民小吃，慢慢呑進飢腸轆轆的肚子裡去。

錦市場

☼ 08:00-18:00　搭乘市巴士至「四条河原町站」下車，步行7分鐘即可到達。

八之二

騎著小驢在京都熱血趕集

喜歡京都的理由總是很多，除了鴨川、錦市場、町家建築和諸多神社外，還有一個讓我實在抗拒不了的最大誘惑，就是幾乎每週都可以參加的手作市集。台灣前陣子也很流行所謂的創意市集，可惜只是曇花一現，現在如果有人說要舉辦或是參加創意市集，好像就會被歸類爲落伍或老派的行爲。

還好在京都的市集可是越老越有味道，每個禮拜天固定上場的市集就像是基督徒進教會做禮拜的習慣，京都人沒事就到市集晃晃，買買手作小物，吃吃加入愛心製作的手工食物，早就是當地人習以爲常的假日樂趣。我因爲太羨慕這樣的生活，所以說什麼也要參加一場充滿京都原味的手作市集，這可是成爲京都人的第一步，我已經準備好滿腔熱血，準備騎著小驢趕集去！

下鴨神社舊書納涼市集

夏天到了，京都有各式各樣的納涼活動。台灣有曬書節，名字聽起來感覺很熱，京都人貼心多了，直接來個舊書納涼，一聽就有微風吹來，好涼快。

舊書市集特地選在下鴨神社的糺の森裡舉辦，偌大的森林裡藏有古書，不僅有現成的樹蔭可以遮陽，隱隱約約的神祕感也很符合古書的味道。京都人就是這麼有創意，不管是愛書或是看熱鬧的人，知道在炎炎夏日裡有個可以乘涼的地方，當然都聚集過來，乘涼第一，看書第二，買書第三。

市集很有規模，每個攤子都像一座小書店，連書櫃都搬了過來，站在大樹下找書挖寶，別有一番樂趣。我去逛市集的那天天公不作美，飄了一些小雨絲，愛書人可是不會讓書淋雨的，所以攤位主人都事先準備好幾塊透明塑膠布，只要雨一來，透明布就蓋上，買家隔著透明塑膠布還是可以繼續選書買書，幾乎不會被雨天打壞逛書市的好興致。除此之外，現場還提供免費扇子，只見市集裡每個人手上都拿了一支扇，邊走邊搧，耳邊還聽得見樹上蟬聲吱吱作響。市集很大，認真逛的話從早到晚都沒問題，往裡直走去，就能走到下鴨神社；買完了書，晃到神社裡參拜或休息，休息夠了，再回頭潛入市集，繼續翻書挖寶。

上賀茂神社手作市集

京都大學的校風，始終存在一種浪漫氣息，學生忙於批判時事和抗議不公。大家都是滿腔熱血，一個沸騰，不小心就燒到對面的知恩寺。熱情過了街，性質也跟著改變，轉而表現在對於藝術創作的熱度上。每月十五日固定在知恩寺裡舉辦的手作市集，是京都市民生活中的大事，手作風悄悄席捲京都人的日常生活中，知恩寺的手作市集功不可沒。

因為知恩寺手作市集的舉辦，開啓京都神社與市集的「異業結盟」合作模式，類似的市集在京都至少就有八個，已經頻繁到每週都能參加一場市集的程度。這眞是太幸福的事，我和女友都喜歡手作的東西，雖然自己不太常買，但女友可是大戶，所以知道來京都可以逛市集，我們兩個人都覺得很開心。可惜的是，這次來的時間剛好錯過知恩寺的市集，不過卻能趕上上賀茂神社的場次，於是我們決定前往參觀市集，順便參拜也頗具名氣的上賀茂神社。

這裡的商品價位算是中價，「三件陶器只要一千日圓」這種好事在市集裡隨處可見。市集攤位就在神社裡的各個角落擺設，有人很有創意，直接在大樹下擺了一個小攤位，鋪了一塊長布，大樹就是攤子的天然遮陽傘，就算不幸遇到下雨天，也能發揮一點避雨的效果。其實能在市集裡擺攤的創作者，每個都不是泛泛之輩，製作水準十分專業，完全不輸給一般門市裡的手作商品。現場販售的種類很多，舉凡布袋、首飾、餐具、明信片、布偶、木雕、陶器……，甚至連像是大福、和果子、有機麵粉做的麵包和自家醃製的漬物都能看到，應有盡有，有吃有玩，讓我們逛了一整個下午都捨不得離開呢！

下鴨神社夏季舊書納涼市集

☼ 10:00-18:00（每年8/11-16日，最後一日開放至16:00） ⚲ 搭乘市巴士至「下鴨神社前站」下車，步行約5分鐘即可到達。

1冊
100円
5冊
300
10冊
500円

上賀茂神社手作市集

☼ 09:00-16:00（每月第四個星期日） 🏳 搭乘市巴士至「上賀茂神社前站」下車，步行約1分鐘即可到達。

八之三

下次想待久點的北山小鎮

北山，位於京都上京區，市營地鐵烏丸線坐到北山站下車就是了。感覺這裡有點新市鎮的味道，不像祇園那般古老，行人的穿著也很中產階級。白天，街道上的人稀稀落落，大家都趕去市中心工作了，剩下的只有年紀稍長或幼小的人。安安靜靜，之於台北，倒有點天母的味道。

除了主要道路兩旁有超過五層以上的高樓外，鑽進巷弄裡只能看到樓高三層以下的房子。街道的寬度適中，各家都有自己的庭院，相隔二條巷子就能發現幾座菜圃，種了一些新鮮的蔬菜，菜圃整理得十分乾淨，規模不大，好像只是能滿足居民自給自足的程度而已。我看著這些菜圃嘖嘖稱奇，想不到這裡竟然也是京都的一部分，還是搭乘電車烏丸線就能抵達的祕密小鎮！

散步的同時，正聽著mp3 player裡陶喆唱著小鎮姑娘，這首歌很適合在北山小鎮閒逛的時候聽。走在鎮上意外看到很多病院和小診所，難道這裡是京都城外的療癒中心或是老人生活的終點站？這些數量出乎意料之多的小診所及療養院，把正在流動的時間都安靜凝結了。老實說，時間在這裡也沒有太大意義，我略粗的手腕上根本沒有錶，只因爲肚子很準時地發出聲音，才知道中午時間到了。

附近提供吃的店鋪不多，不過車站旁就有家麥當勞，於是我去吃了一份類似台灣麥香堡的套餐。由於肚子太餓，很快就把餐盤裡堪稱爲食物的東西一掃而盡；打了好大一聲的嗝，很滿足地摸摸肚皮，不久就拍拍屁股離開。撐著很脹的肚皮，心想時間也差不多了，便慢慢走向安藤忠雄設計的陶板名畫之庭。中午時候，參觀的人一個也沒有。我偷瞄到了，賣票小姐剛剛打了一個大哈欠，她的肚皮現在應該也是鼓鼓的吧！那天的北山小鎮之旅，其實算起來連半天的時間都不到，隨意亂闖小鎮巷弄裡的住家、公園和菜圃，然後準時吃了午餐和參觀美術館。

再一次經過這裡的時候，人是坐在前往上賀茂神社的巴士上，透過車窗玻璃，我重見了那些美麗而整理得宜的菜圃。因爲必須趕在中午前抵達神社的市集會場，中途沒有下車，第二次見到的北山小鎮，想不到會是更快速的匆匆一瞥。

下回，我希望能在北山找到一間理想的民宿，真正在這座小鎮裡好好生活幾天，隨意在巷子裡穿梭、拍照還有聞聞菜圃裡的泥土味道。對於那幾天的午餐和晚餐，我已經選好了一間咖啡店和燒肉店，那是在巴士上瞬間瞥見的店家，招牌設計很簡單，店面規模很迷你，我卻很期待店內的香醇咖啡和一份豐盛的燒肉拼盤。對於在北山小鎮生活的美好期待，我計畫留在下次造訪時一一實現。

北山小鎮

搭乘市營地鐵烏丸線至「北山站」下車，步行約5分鐘即可到達。

八之四

驚見天狗大鼻子的鞍馬小旅行

我喜歡京都的原因，除了只要靠一張巴士一日券就能到處玩樂之外，另外還有一些必須搭乘幾站電車的距離，才能抵達的市郊小景點。有點出城的味道，但實際上也不會真的太遠，通常在一小時車程內，就能到與市區氣氛完全不同的地方。像是嵐山、一乘寺、貴船還有我喜歡的鞍馬地區。這種出城旅行的感覺很特別，好像從熱鬧的台北車站搭上區間電車，一路搖搖晃晃前往宜蘭，眼前風景從高樓大廈變成綠油油的稻田，玩樂一天後，晚上再搭乘同型車回到熟悉的台北。

因爲在京都市區已經待了五、六天，對於漸漸習慣的街道開始出現短暫的麻痺感，心裡頭想要尋找另一個街貌完全不同的地方，這樣拍起照來也會更感興趣點。「我們去貴船吧！」前一晚和女友提出這個建議，她問貴船有什麼好玩之處？「川床料理囉！」我不假思索地回答。「聽說還有像迴轉壽司般的流水細麵喔！」女友聽到這個就有興趣了，我其實早就想去試試，這次終於有機會體驗看看。

要前往貴船就得到出柳町搭乘叡山電鐵，電鐵的終點站是鞍馬，印象中鞍馬也是個安靜的地方，所以當下決定先搭到終點站鞍馬，再一路玩回貴船。去一乘寺惠文社書店也是搭乘這班叡山電鐵，這班電車根本是為了出城旅行專門設計的路線，一搭上車那種「終於要去郊遊囉」的興奮心情立刻就會湧了上來，可惜背包裡忘了裝滿醬油仙貝，只有幾條巧克力可以先解解饞。電車的超大面積車窗設計，就是要讓乘客可以完整欣賞到沿途綠林夾道的景致；不只如此，連靠近車頂的窗戶都刻意換成斜面的透明玻璃，乘客可以感受到被綠林緊緊包覆的超真實視覺享受。去程時，我們沒有搶到正對車窗的最佳座位，那個位子上坐了一對母女，兩個人帶著同款式的碎花草編帽，開心看著窗外呼嘯而過的綠色風景。

鞍馬站的陳設和預想的樣子差不多，雖老舊但維護良好，是一看就會讓人喜歡的車站。車站裡外都有知名的天狗雕像，車站外的那尊雕像尤其巨大，伸長到極致的紅色大鼻，用我的超廣角鏡頭可以拍出逼人氣勢。女友說我真無聊，拍那麼近很嚇人，我說這就是攝影的張力，是張力啊！她對我的「張力說」完全不感興趣，轉頭就往商店街的方向走去，她直覺相信和這根大鼻子比起來，商店街裡更有可能會有好玩的東西吧！我和天狗的大鼻子拉鋸一會兒後，趕緊轉身追上女友，她正站在一間專賣鞍馬名物牛若餅的老鋪前，伸長脖子往裡好奇觀望。當時肚子還不太餓，所以我們決定暫時不吃聞名遐邇的牛若餅（事後證明這個決定大錯特錯），先到同樣知名的鞍馬寺逛逛，女友不疑有他，跟著我走，雖然當時我也還不知道鞍馬寺裡有些什麼。

鞍馬寺最有趣的地方，我覺得就是中間那段搭乘纜車的過程，怎麼也沒想到山中神社裡還會有纜車可搭，而且是一座角度幾乎垂直九十度的超陡斜纜車。纜車的設計很獨特，車內座椅是依著階梯狀地向下排列，駕駛員就在階梯的最頂端，等車開動後，彷彿就坐在一座活動的樓梯上，直往山裡不知處前進。纜車終點就是鞍馬寺的正殿位置，如果選擇不搭乘這段纜車而堅持徒步上山，那肯定是跟自己過不去的苦差事，因爲這段上坡的山路實在太難走，儘管沿途風光秀麗，但換來的只是滿身大汗和一陣氣急敗壞。還好我們只是在下山的時候選擇不搭纜車，沿途回頭看這段陡峭山路時，慶幸剛剛上山時做了最正確的決定。然而下山的這段路，環境的確十分清幽，喜歡大自然的女友途中還和一棵粗壯的大樹進行高層次的心靈對話，她一手摸著樹幹，閉眼沉靜地感受某種訊息從老樹傳來。事後我問她和樹說了什麼話，不過她真的是冰雪聰明，知道說了我也不會懂，所以用一種猜不透的微笑回答我的疑問。

離開鞍馬寺後，我們滿心期待回到那間賣牛若餅的老鋪，準備來二份搭配咖啡一起品嚐。「今天的牛若餅已經賣完了，不好意思」店員的表情上並沒有很不好意思地對我們說了這句殘忍的話。女友瞪了我一眼，直說還她牛若餅來！我苦無計策可施，只好請她吃另一種餅加熱抹茶贖罪。吃飽喝足後，女友說接下來要去貴船了嗎？我看看時鐘才驚覺在鞍馬花了太多時間，現在就算趕去貴船也什麼都看不到了，更別說那讓人期待的川床流水細麵。

我們只好帶著遺憾回到車站準備搭車返回市區，上車前當然又會經過站前那座天狗的紅色大鼻子。女友轉頭對我使了一個奇妙的眼神，我不方便問她是哪裡奇怪，只好自己做出一種贖罪性的解讀：下次再沒讓她吃到牛若餅和流水細麵，我的鼻子肯定就會變成像這隻天狗一樣。

ようこそ天狗の町

鞍馬寺

☼ 09:00-16:30（週一休息）　¥200日圓　☎ 075-741-2368　〒 京都市左京区鞍馬本町1074　⊖ 搭乘叡山電鐵至終點站「鞍馬」下車，步行約10分鐘即可到達。

八之五

我喜歡奈良的良啊

奈良，日本的舊都，早在京都之前，就已在她的南邊發光發熱。西元七一〇年，天皇定都奈良，仿造中國唐朝長安城棋盤式規劃，複製了一個平城京。日後建了東大寺，完整提升了這座城市的文化水準，締造一番繁榮的天平文化。然而隨著人口和交通需求擴增，古都奈良太小太老，已經不符所需。遷都京都後，奈良也改稱爲南都，繁華不再，只剩斑剝古味和耐人故事可尋。

對於奈良中的「良」字我極感興趣，一看就讓人感到舒服。良，意謂好。這是比較委婉的說法，優美且文學感多了點。對「良」的第一印象，是小學課本裡的「良人」，即丈夫。所以男人等於好人？這是父權社會沒辦法澄清的荒謬邏輯。然後是無印良品，先是台灣的歌手團體，再來才是日本雜貨。沒有迷戀過那個團體，最近倒是很喜歡逛賣雜貨的無印良品。

文具、衣服、家具、零食，還有旅行用的小東西，強調無設計的無印良品，在我心裡，其實設計感大滿分啊！

奈良，則是這次京都行才開始產生好奇的「良」之相關品。奈也是個好字，配上了良，當然是好上加好，眞討人喜歡！古城奈良，名產是漬物，就是用醬汁浸泡能存放很久的食物。好比是茄子漬物，巧妙將某季的新鮮茄子用醬汁醃漬起來，幾年後再打開食用，依舊吃得到當天入漬時的溫度和氣候。像是翻閱多年前的日記般，脆咬一口，重溫當年的奈良生活。

奈良比京都老也比京都小，不過這樣的規模逛起來倒是剛剛好，一出車站，正前方的三条通就是逛街的重點。一路走下去，就能接往大和路，然後連結到最後方的東大寺去，那是梅花鹿最愛流連的樂園。其實這一路上，兩旁的店家已能滿足我的購物慾望，京都的四条通或河原町對我來說實在太熱鬧而複雜，我幾乎沒有辦法好好逛完街上的每一家店。反倒是來到了奈良的三条通，還在控制範圍內的店家數量，讓我有足夠的腳力（或說財力）可以好好逛完每間我感興趣的小店鋪。

對梅花鹿來說，東大寺旁的奈良公園活動範圍雖大，想要隨時討個鹿餅也不成問題，但就是有幾隻鹿不滿足，刻意或不小心迷路到熱鬧的三条通上，啃食著路樹根部旁的新鮮嫩草，悠悠哉哉，完全不顧路人爲牠們捏

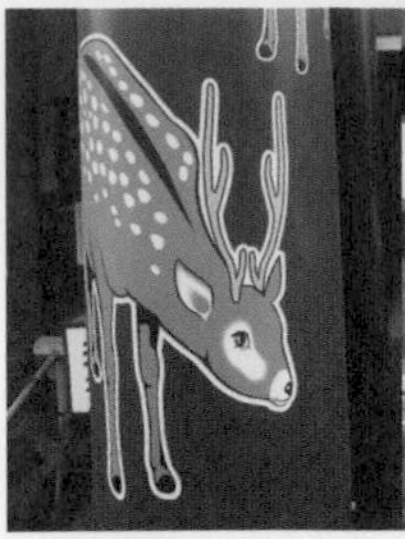

奈良小鎮

⚲ 搭乘JR奈良線至「奈良站」下車，步行約5分鐘即可到達。

的好幾把冷汗。我心底默默喜歡起這些迷路的小鹿，牠們不顧一切的悠哉精神，正是走在奈良街頭最能直接感受到的氣氛，我踩著牠們走過的腳步，在後面慢慢跟著。

離開奈良後的下午，回到暫居住處附近的大街，一家店的櫥窗也掛著寫了良字的大布幔，忘記店裡賣的是什麼，但光看這個良字，好像什麼都不重要了，裡頭賣的肯定都是好貨。良，在我眼底已經變成一個自信中帶有謙虛味道的讚美詞彙。

八之六

宇治小鎮的茶葉時光

宇治位於京都的東南方，連接著京都和奈良，是古代重要的交通轉運點。靠著宇治川的海上接駁，維繫著舊都與新都的連絡，早期這座小城可是十分熱鬧。宇治更是日本三大茶鄉之一，盛產抹茶出名，市內茶屋林立，新舊都有。這裡還有著名的平等院和宇治上神社，秀麗中瀰漫古香，吸引遊人參訪。

第一次聽到宇治，是因爲宇治金時，兩者之間有關聯嗎？我也不知道。其實當時也沒吃到，因爲身上沒多餘的錢了，只看朋友吃。本想央求他分我一口，但骨氣還夠，所以只能張著一雙大眼猛流口水。後來才知道，宇治是指宇治的抹茶，金時則是所謂的紅豆。兩者果然有關，於是下定決心，下回再到關西，非得到宇治吃碗冰才甘心。

這回終於有機會再次造訪京都，在市區待了三天後突然很想暫時離開鬧區，心想不妨就去宇治看看，找茶吃冰。其實整座京都城都在賣宇治茶，茶香逼人，平時聞著這股茶香，總讓我忍不住想起素未謀面的宇治茶鄉。出了宇治車站，果然是小鎮風情，幾乎沒有什麼大樓擋住視線；眼前就是一條商店街，好像有什麼魔力，吸引著我的腳步過去。街上果然有很多賣茶葉的老店，光看木造外觀就知道年代久遠，還好今天的陽光很充足，讓這般古老的舊街道，依然活力十足！

路上的行人不多，老闆始終忙進忙出，這是每天的工作。我想，規律行事對於日本人是重要的，盡量不要發生突發狀況；或者，他們連意外都納入規律行事的考量中，乖乖按表操課。途中，去了伊藤久右衛門買些伴手禮，不外乎就是茶葉和茶點心。然後去了老店中村藤吉，又吃了一碗宇治金時冰，吃法很隨性，就在路邊快速解決。因爲天氣夠熱，嘴巴夠渴，雙腳夠累，心情夠乾，所以一碗冰涼涼的宇治金時下肚，立刻感到滿滿的幸福！我眞開心能在這座很有好感的寧靜小鎭裡，品嚐宇治自豪的茶葉時光。

宇治小鎮

⚲ 搭乘JR奈良線至「宇治站」下車，步行約10分鐘即可到達。

御抹茶処
お庭で
きらくに
一服
召しませ

八之七

祇園的另一邊

以爲有藝妓，結果沒有。只有老人、秋田犬、午休的上班族還有我。加上一位因爲餓壞了，所以偷喝祭壇裡的酒的飢餓老者。

與花見小路相對望的白川巷弄，沿途有水聲，邊聽邊走，搖頭晃腦。聽說要到傍晚時分，藝妓才會現身，風景才會好看。我等不了這麼久，一大早就跑來這裡，自己看自己。街上還不見多少人，試著穿梭小巷中，初步認識名聞遐邇的祇園。巷子裡的小酒館和居酒屋都還沒開張，門半開著，地上放著今天要用的蔬果食材。偶爾見到老闆的身影進進出出，沒打招呼，繼續忙碌。又見到了外觀滾著紅邊的郵便局，手邊沒有明信片，也沒有想要寄送的人選，錯身郵筒，繼續走路。

祇園，一大早，安安靜靜。我啊，一個人，走走停停。

當然，祇園還是有趣，千年巷弄可藏不住寂寞，盡是低調華麗。走在白川沿岸，這正是祇園最美的一條小路，小橋、流水、人家。中國古詞，祇園吟詠，越過海洋激浪，文化巧妙相承。路上，都是茶屋、酒屋還有料理店，藝妓等會就來，眼耳口舌一次滿足。如果說藝妓是祇園最美的風景，那是現在的說法；以前包覆在和服裡的可是滿滿心酸。窮苦人家的女孩，裝扮成濃艷藝妓，賣藝也賣身。而她們討生活的地方，稱之爲「遊女屋」或「遊廓」，這是江戶時代發生的事。當時幕府特准這種賣春事業，樂了闊氣男人的下半身，苦了貧窮女人的一輩子。後來人權高漲，百姓生活逐漸富裕，政府明定不准賣身了，所以只剩下賣藝逗笑。不賣皮肉只賣臉皮的藝妓，個個花枝招展，明艷動人。

當地人有錢有閒，入了夜，還是喜歡一頭鑽進酒屋裡，找來藝妓好好痛快賞藝。觀光客有閒沒錢，一路上，拿著相機拚命拍照，好像每個藝妓都是巨星章子怡。祇園，就是這般優雅，這般忙碌，這般古今迷離，這般流連忘返。

京都祇園郵便局
KYOTO GION POST OFFICE
特別警戒実施中
郵便局
京都祇園郵便局
防犯カメラ作動中
ご案内

2　1

1.京都郵局建築上搶眼的紅邊框，就像是非拍不可的觀光景點。 2.一大早的祇園，遊客還沒起床，只有早起的老人認眞逗弄著一隻秋田犬。

八之八

京都的國民景點

京都的美隨處可見，不管在此生活或只是經過，到處都是美景。

低調而熱血的京都大學

從今出川通的校門走進去，那是京都大學的後門，小小的不起眼。沒想到，滿懷期待的心情，匆促走到了大門，才發現大門也是一樣，小小的更不起眼。

這可有趣了，跟一般台灣大學重視門面的程度比起來，京都大學可眞是異常的低調作風，彷彿刻意希望路人能不經意錯過，找不到校園的入口，也保留了校園裡自己的安靜或熱鬧。對日本人來說，京都大學和東京帝大的差別，就像是對於穿牛仔褲和西裝褲不同的偏好選擇，京大學生追求理想生活的熱忱，完全表現在校園裡一塊塊樹立的抗議和訴願看板上。看板的用色鮮豔，容易吸引目光，也把黯淡無味的校園，加點趣味生氣。

京大的校園，頗有理工學院宿命般的規則感，不醜不美，讓人不會有太多的期待和嚮往。但有些小風景卻是可愛，像是圖書館前的單車停放架，有高有低，除了方便停車牽車的功能性之外，穿透看去，上下起伏的畫面也反映出大部分京大生略帶反骨的獨特性格。還有一座紀念時鐘塔，位在大門進來後看到的第一棟建築物上頭，儘管天色不好，時鐘上的指針，還是非常盡責地轉動著，抬頭一望，就能清楚現在是幾點幾分。

散步在京大校園，腦子會變得非常理性，蟲鳴鳥叫不絕於耳，但卻遇不到多愁善感的少年維特。意外在大門旁發現一座用帆布鐵架臨時搭起的半露天房間，房內有床有書櫃有小廚房，還躺了一位正在看書的年輕人。不免俗的，這間房的外面，立了很多訴願的看板和海報；不免俗的，這就是走在京都大學裡經常會遇到的招牌風景。

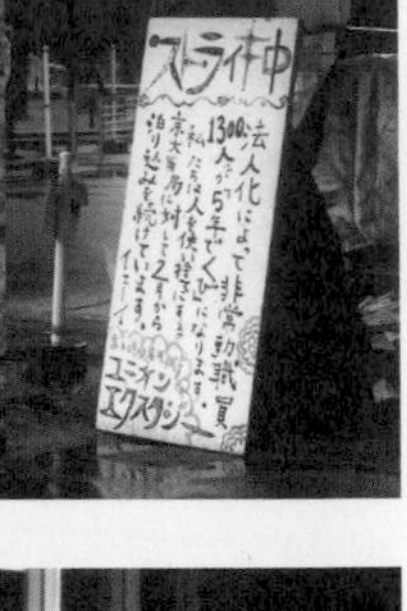

京都大學

京都市左京區吉田本町　搭乘市巴士至「京大正門前站」下車，步行1分鐘到達。

片段拼湊出的京都塔畫面

先這麼說好了，計畫性的旅行永遠不適合我。我對於旅行的理解和做法是：只選定目的地和飯店。過程中遇到的意外、遲到、巧遇或是錯過，都是旅行最有趣的部分。這個小毛病老實說已經被女友念了很久，但仍死性不改，得到的報應就是去了四次京都，卻仍然四過京都塔而不入。

只要出了京都車站，京都塔就會大剌剌地聳立在每個人的眼前，想要迴避它巨大瘦長的身軀完全不可能，唯一能做的事就是減少或是增加觀看它的時間。我去過東京鐵塔，卻意外地沒有進去京都塔頂的觀景台參觀，更不可思議的是，我連塔底下方的建築物都不曾經過，對於京都塔的印象，只停留在從車站的位置遠眺過去的拔高軀體。第一次的聯想，我想到上海的東方之珠，可能跟我第一次看到塔的時間是在晚上有關，發亮的塔身活像是座漁港燈塔，所以我第二個聯想到的畫面，正是墾丁的鵝鑾鼻燈塔。

查了資料才知道原來京都塔已經不算年輕，一九六四年年底開始啓用，四十好幾的歲數以人類來說是五年級生，以打扮來說它的樣貌依然摩登耐看。我喜歡的日本女作家甲斐みのり，曾寫到她在京都塔十三樓的展望食堂裡，安靜地喝著咖啡，一邊看著俯視角度的京都市景，一邊隨手寫寫心情筆記。就算我早就知道她去過這個地方，就算我是多麼羨慕她而希望也能親自坐在食堂裡進行同樣的行爲，最後還是因爲我的「缺乏計畫」而再度錯過京都塔上的美景。說遺憾的確有點，不過總是自我安慰地認爲，這是爲下次再來京都所預留的最佳伏筆。原來我唯一的旅行計畫，其實是表現在這裡呀！

有時也覺得，如果眞正走進塔內的展望塔欣賞京都市風景，反而會有種身在山中而無法盡賞山形之美的遺憾。所以不如鬼鬼祟祟地在京都車站內，趁著搭乘手扶梯的片段時刻，順著電梯緩緩而上，透過玻璃窗和車站建築盤根錯節的結構線條，用另一種不完全的殘缺角度，小片段小片段地拼湊出京都塔的整體之美。對別人來說，這不又是一種堂而皇之的自圓其說，但捫心自問，我眞的喜歡這樣片片段段的旅行收穫呢！

京都塔展望室

☼ 09:00-21:00　¥ 大人770日圓　☎ 075-361-3215　〒 京都市下京區烏丸通七条下ル
搭乘市巴士至「京都車站」，步行約5分鐘即可到達。

直達天聽的京都車站

初到京都，如果第一印象是從車站開始，那麼，肯定懷疑這座古都究竟古在哪裡？京都車站裡裡外外，都是誇張的現代設計，鋼骨線條穿梭，有些冰冷。雖然是十幾年前的建築，十幾年後再看，還是感覺得到同樣的新潮與科幻。像是把台北捷運北投站用放大燈照過，一下子膨脹成百倍以上的模樣。

眞的很大，如果感情剛好處在空窗狀態，建議別來。

車站裡，花園、劇場、觀景台、美食街、美術館……想得到的都有，除此之外，還有漫畫祖師爺手塚治虫的博物館，周邊商品歡迎搶購！我其實需要的沒那麼多，只是來這兒找頓晚餐吃，能塡飽肚子就好。頂樓有一條拉麵小路美食街，除了拉麵之外，各式和食、洋食也有，不過價錢並不便宜，只好先忍著飢餓，從頭到尾好好逛逛京都車站。

如果從一樓大廳直往屋頂望，聽說光高就有六十公尺，不僅覺得人實在渺小，更隱約可見天神對你揮手微笑。天國近了，應該是說，站在屋頂上想必離天更近！往上走有條名爲「空中徑路」的小道可走，連結車站內的二大區塊。得先要搭上一座泛著螢光綠的電動手扶梯向上，人並不多，

特別容易覺得孤單。從空中徑路可以看見對面著名的京都塔，視野還不錯，氣氛也很好。這裡有點像待在候機室的感覺，京都塔就像開往太空的新型飛行艙。說不定眞是如此，只是這個計畫暫時被政府封鎖保密，請耐心期待！一個人走在京都車站，竟有種可能會突然被外星人綁架的不安全感。

走完了空中徑路，順著另一端過去，可以接到名爲「大階段」的地方。所謂的「大階段」就是大階梯的意思，總共有一七一階，面積非常寬廣。不論是從上往下看，或是從下往上望，大階段都夠嗆了，眞的超級壯觀。像是坐在羅馬競技場上的觀眾席，往上看是星空，往下可見人潮竄流。

京都車站之大之新之豐富，完全超乎對於京都老城的刻板印象。這樣的反差設計，我相信也是京都人的計謀。當然，這計謀只對外地人有效，在旅人還沒進城前，先在各大旅遊資訊裡編織了一個完美無瑕的古老印象。搭上快車到了京都車站，一出站，立刻獻上big surprise取代原有的花圈歡迎各位旅客。

「各位各位，歡迎來到超現代化的京都未來之城！」刻板印象完全被顚覆的旅客，嚇傻了眼，以爲快車反方向開到了東京車站，抬頭望著彷若雲端的屋頂，呆若木雞地佇在車站大廳正中央。直到被洶湧人潮推出了車站外，搭上其中一班市巴士，漸漸遠離這座未來之城的龐大軀體，眼底出現猶如小人國般的町家老屋，才發現原來京都的老並沒有消失，而京都車站的超新潮，只是京都人爲了襯托這座城市迷人的老，而處心積慮編織的祕密計畫。

第九章

放學回家

我沿著小巷弄，帶著回家的心情繼續走著，腦子思考一些小哲學道理。京都之所以讓人著迷，卻在於無法只靠線性思考就能對她完全理解，出乎意料之外的發現或個人的擅自解讀，拼拼湊湊之後才是趨近於眞實的京都樣貌。原來這些大量的私人觀察和自我解釋，就像追逐藝妓和湯豆腐的熱情與決心，在即將結束卻滿是不捨的京都求學旅程中，同樣不可或缺。

九之一

那些穿梭而過的巷弄風景

京都不只是模仿長安城的棋盤式布局那麼簡單，她在巷弄內長出美麗的花和青苔，在轉角老屋旁長出了可愛的招牌，在死巷弄裡長出天然蜂蜜的清香，在年歲已老的店鋪前擺了一台好看的腳踏車。我必須安安靜靜地穿過這些小巷弄，用手中的RICOH GX200，安安靜靜地偷取眼前出現的這一切風景。

先斗町是個好地方，是條聞得到酒菜飯香、看得到燈紅酒綠而又能明哲保身的完美巷弄。街的長度足夠讓走過的人卸下心防，街的寬度卻能讓難免彼此擦肩的人們小鹿亂撞，巷弄長寬都讓人如此心動，在先斗町散步的絢爛夜晚，自己也是一盞燈光。

領著自身的光芒徒步前進，繼續深入京都的巷弄內揭開神祕面紗。其實並不神祕，連剛曬完的衣服都大剌剌展示在眼前，原本懼怕京都人的高傲城府，深入密訪後才知道他們是多麼地親切而無設防。我繼續穿梭京都巷弄，蒐集一瞥而過的動人風景。

九之二

我習慣在京都低著頭走路

既然選擇了散步旅行，四周環顧外，足下風光也別忘了欣賞。當然美女美腿不能錯過，不過我說的是存在於京都馬路上其他有機或無機的東西。如果還是用抬頭挺胸的姿勢走路，只能看到旅遊書上寫的景點，京都不只如此，仰望、平視和俯瞰都能發現好風景。所以只要來京都，我總習慣低著頭走路，只用餘光確保與其他行人和物件之間的安全距離，其他視線，我都留給這些地面上的好風光。

蒐集地上的小圓蓋

京都馬路上除了柏油表面和斑馬線之外，不會看到暗紅色的檳榔汁，也不太容易見到長度極短的菸屁股。倒是有樣東西出現的頻率極高，那就是台灣俗稱的人孔蓋，不過在京都馬路上發現類似的小圓蓋樣式較多，究竟是做什麼用的？我想主要應該是地下管線的維修孔，不過有些實在太好看，已經超越了維修孔單純的任務，讓我忍不住想要全部蒐集起來。

標「道路」的，應該是指馬路上各種信號燈的管線位置。

標「電氣」的，當然就是電線，線路也包括店鋪和住家。

標「電話」的，那更清楚不過，舉凡所有電話都歸它管。

標「警府」的，應該不是通到警府的祕密地道吧？怪哉。

標「污水」的，上頭有精緻的梅花鹿和花卉雕刻，眞美。

這些僅僅只以一個圓蓋狀示人的小東西，其實善於僞裝，背地裡，可能隱藏著神祕而龐大的地下國度，低調生活。地上，人車往來穿梭，喧鬧聲不絕於耳；地下，管線千里繚繞，低沉嗚嗚聲作響。地上地下，何時相遇？時機未到，只好耐心等待。透過定期的維修檢查，小圓蓋終於被檢修人員輕輕敲開，小心地暫時放在一旁，馬路上的熱空氣，偷偷往下頭竄。

汚水

突然，有微弱的聲音從下方傳來，深深的，好像在交談……「你好，初次見面！我是住在地下的冷空氣，請多指教喔！」

近藤先生的工具袋

從清水寺旁的小巷岔了進去，遇見了近藤先生。這袋東西猜想是他的，木工工具，上頭刻有名字。那時他正忙著測量尺寸，趁他不注意，拍了這袋工具。

木柄的質感樸實而專業，肯定是達人專用。我也看過其他裝潢師傅的工具袋，帆布製，工具把柄卻是塑膠材質，很重沒錯，但沒質感。功能性可能大同小異，但使用時的心情，自然驕傲有別。

小學老師送給我的畢業贈言：「你人生中最鋒利的武器，就是手中的那枝筆」筆，是我的工具，衣食父母。我有個好的筆袋嗎？之前那個用舊用壞，早就丟了。目前用的是女友從誠品文具店買來送我的，簡單實用。理想中的筆袋，是什麼？清水寺的近藤先生，你可以幫我訂做一個嗎？

消火用器材

在日本很少看到滅火器，印象中沒有。這次倒發現了這個另類而有點老派的消防工具，竟然是水桶呢！每桶還都確實裝滿了水，一次兩桶，以防萬一。這就是日本人的傻勁吧！什麼事都很認眞，好可愛。

並不是每家都擺有這樣的消防水桶，沿途走來，十家可能只有二、三家會放。或許是京都的木造建築較多，稍有不愼，很容易就釀成大災難。所以在消防隊趕來之前，如果家裡有這樣的水桶可用，多多少少有些幫助。來到京都已非夏季，天氣還涼涼的，並不需要水來消暑；不過我的念頭繁亂，慾望無窮，邊走邊想，想要什麼刺激的。所以偶爾見到這種消火用的水桶，還眞想拿來直往頭上澆，滅滅心底的那把無名火，降降火勢，別蔓延星火，傷及無辜。

旅行中，要嘛別想太多，要嘛亂想一堆。傷不傷身？我覺得好像有一點，至少會把腳步拖累一些。聖人總說放空最好。這道理當然我也明白，雖然很想，每次卻都還是像男人上完廁所，不論甩了幾遍還是甩不乾淨啊！所以呢，旅行中如果發現肩上仍有殘存餘火未滅，管它路邊放的是水桶或滅火器，只管拿來一用。水一澆，乾粉一噴，立即消火最要緊！千萬別耽誤了時間，反而燒傷了自己。

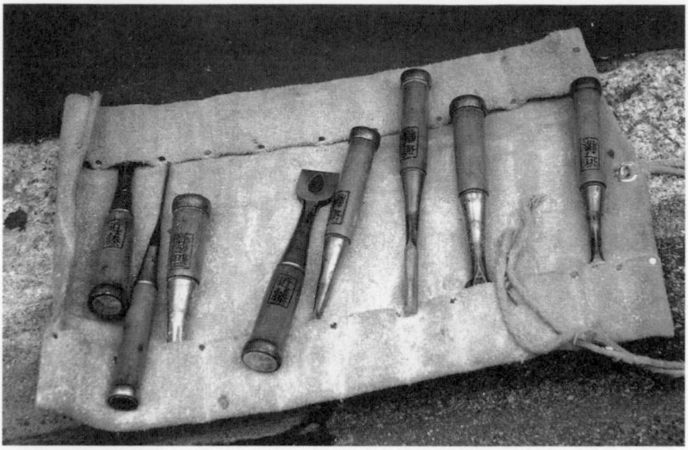

消
点検を
火 用
消
“火災ゼロ”
火 用
“火災ゼロ

九之三

我堅持走自己的哲學之道

慕名已久，今天打算走趟哲學之道。

起點就在若王子橋附近，全長約一點六公里，終點當然就是銀閣寺。如此優雅之名，來自古時哲人西田幾太郎，他深愛散步此道，邊走邊想。初春之際，沿途櫻花遍開，不覺中竟悟出了許多道理。哲學大道理隨著小徑信步渾然生成，西田幾太郎紅了，哲學之道也跟著沾光。

「他是他，我是我，總之，我堅持走自己的路。」——法然寺石碑

在哲學之道，縱使人潮洶湧，難免擦肩碰撞。我，還是選擇走自己的路。拍拍手，點點頭，好樣的！終日爲了五斗米折腰的我，太過商人，理所當然，應該走段哲學之道，消消業障。媽媽說我最近變得很銅臭，沒文化，容易激動。心底雖然鄭重否認，但滿臉橫肉卻騙不了人。不讀書，那也多走點路，不用勝過萬卷，一本就好。

就在入口處前，我喝光了一二〇〇cc的運動飲料，頓時體力大增，思路清晰，再一步，我就是哲人。腦子裡還在運轉著高深哲理的我，一個不留意，瞬間被一對情侶超越過去。不過行走在哲學之道的我，脾氣似乎也變得溫和許多，超越就超越吧，我裝模作樣地悟出一番道理：短暫的領先不見得會抵達最後終點。

這條路沿途都是綠蔭、小溪、石橋和碎石子，想了太多感覺有些疲累，我放棄哲學性的思考，今天應該是買紀念品的日子。四周觀望，察看有沒有特色小店，可以滿足我突然湧上的血拼慾望。有家以貓設計爲主的雜貨店，我的女友應該會喜歡，忍不住走進店內，挑三挑四後終於買了一件T恤和三張明信片。

滿足了本日的購物慾後，離開店繼續散步，邊走邊想著關於「一個人」的小哲理。一個人可能寂寞，但也僅止於自己，不會造成公害。一個人可能快樂，但很快就能擴及，周遭朋友也跟著開心。一個人可能哭泣，面紙一包就夠了，哭完起身就走。自己就是某種唯一的小宇宙，小歸小，卻力大無窮。

走著走著走，快到了路的盡頭，那盡頭，正是我喜歡的銀閣寺。

哲學之道

搭乘市巴士至「銀閣寺前站」下車，步行約3分鐘即可到達。

九之四

亂中有序的京垃圾

連續在京都生活十天，走在路上難免偶爾會見到被店家扔出來的垃圾，幸運的是，垃圾沒有被野狗咬破散落一地。另外也看過路邊整堆排列整齊的垃圾，像是有某個好心人幫忙整理過一樣，但不解的是，始終沒有見過眞正的垃圾車出現。

京都街頭有類似垃圾子母車的綠色大方桶，是在蛸藥師通吃完松屋牛肉丼飯後發現的，綠色垃圾桶因爲缺了一隻腳，姿勢歪歪斜斜，裡頭的垃圾也像是從距離五公尺的地方拋射，運氣很好地命中而沒有落到桶外。有天拜訪心儀的京都大學，除了對於校門圍牆邊堆滿一塊塊的活動海報板印象深刻，校園裡的環境也不如想像中的整齊或說是幽靜。直到即將走出大門時，發現校門邊一處資源回收桶上，堆滿了學生喝完的保特瓶。因爲回收桶內已經被空瓶擠滿，所以其他瓶子全都堆疊在投擲孔兩側。我特別留

意，回收桶地上周圍並沒有散落的空瓶，那些塞不進去的保特瓶，全都像是表演特殊才藝般，利用瓶與瓶之間些微的摩擦力和力學平衡，高難度地彼此相疊堆砌。如果當時我再放上一瓶，肯定全部的瓶子都會立刻失去控制，狼狽地散落滿地。

見到堆疊在店家後門的廢棄沙拉油桶和紙箱，對我來說也很有吸引力，看到這些等待回收的廢棄物，就會有想要拍照的衝動。原因可能是，這些滿堆的廢棄物也盡其可能地排列整齊，而且外表出乎意料的乾淨，這些原本應該被低調地擺放在後巷的廢棄物，對我來說卻是另一塊象徵店家的招牌。當然，京都的垃圾不全然是這麼完美，也有一些的確是被人隨意丟棄在路邊，像是在消防栓上的空鐵罐、三条大橋水泥圍欄上的塑膠罐和被準確丟在牆角的菸屁股。這些都是在京都街頭意外發現的脫序行爲，當然光靠這些被刻意亂扔的垃圾，也無法斷定究竟是京都人或外地人所爲，總之因爲它們的存在事實，而不小心發現這座城市裡某種小小的失控氣氛。

有晚過了十點，我爲了要到便利商店買零食而走進打烊後的新京極商店街裡，原本熱鬧的店家都拉下鐵門，許多小角落卻出現了滿堆的垃圾和紙箱。對於外地人來說，這些垃圾雖然看來有點不順眼，但只要沒有野狗

亂扒亂咬，只是安靜地堆在某處倒還能接受。對於京都人而言，這些入夜後才出現的垃圾，卻更眞實地代表京都人一天生活的最後總結。

附錄

散步地圖

京都是個適合閒晃的城市，尾隨京都人的腳步，模仿當地人的生活習慣，靠著自己的雙腳認識這個古老的城市，才能好好的品味這個古城風景。假裝自己是個京大生，假裝住在老町家，假裝自己逛大街，假裝自己拜神社，閒步搭地鐵，尋找梅花鹿與大佛，花一整天逛市集……散散步，吹吹風，走累了就歇一會兒，喝了水再上路。

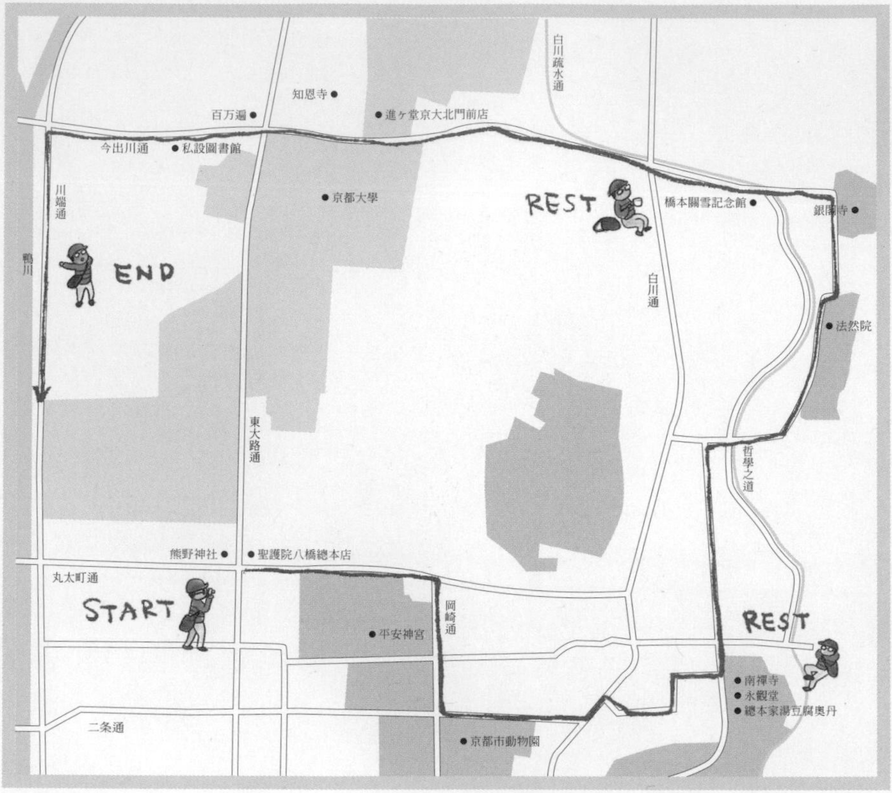

今天我是京大生的散步路線

開始：熊野神社

休息：南禪寺、橋本關雪記念館

結束：鴨川

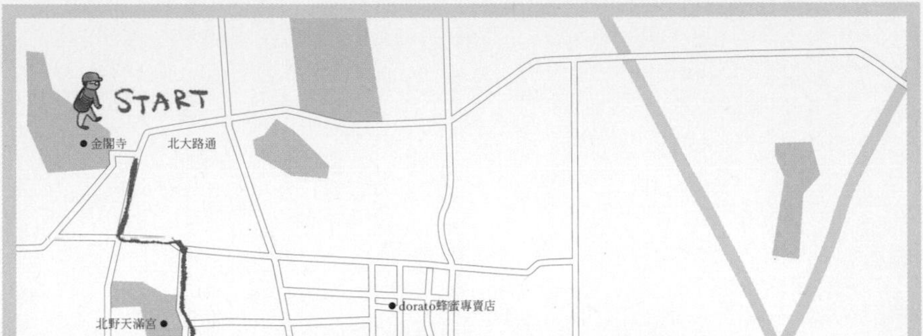

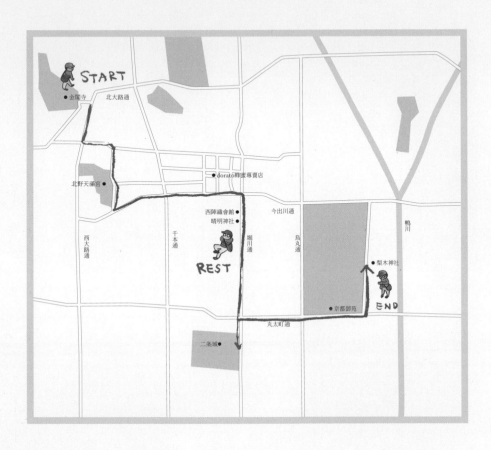

住在老町家多好的散步路線
開始：金閣寺
休息：晴明神社
結束：梨木神社

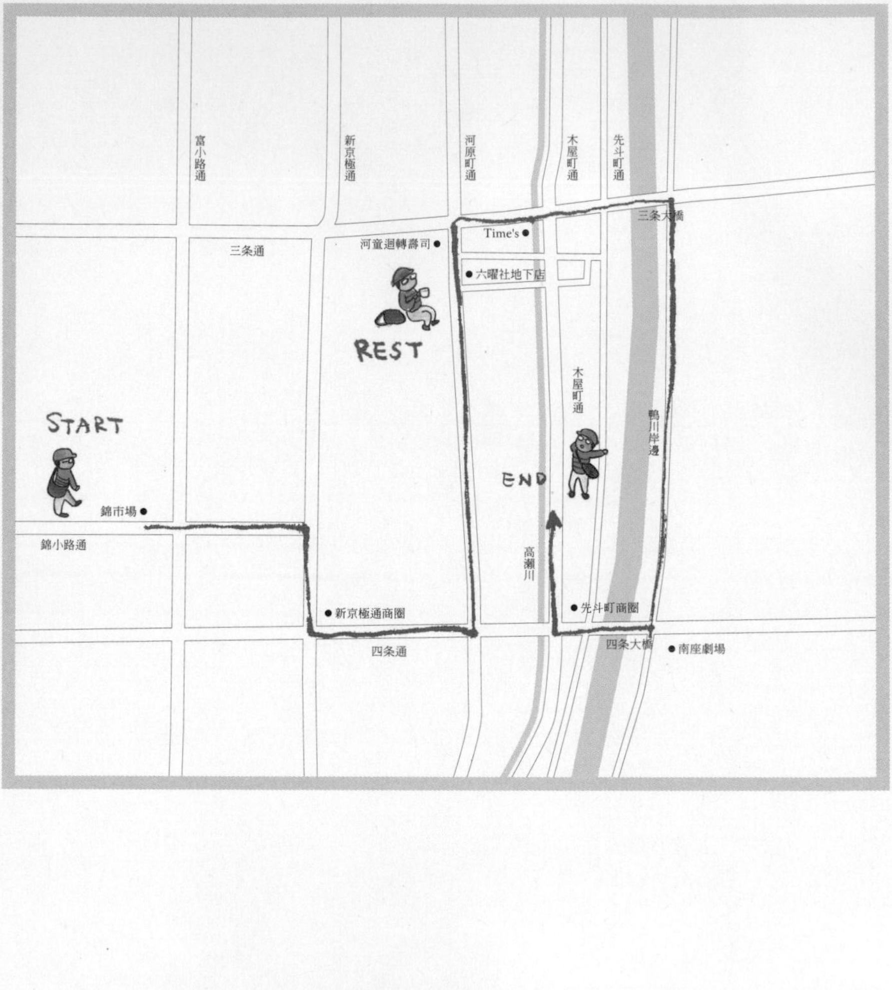

小周末逛大街的散步路線

開始：錦市場

休息：六曜社地下店、Time's

結束：木屋町通

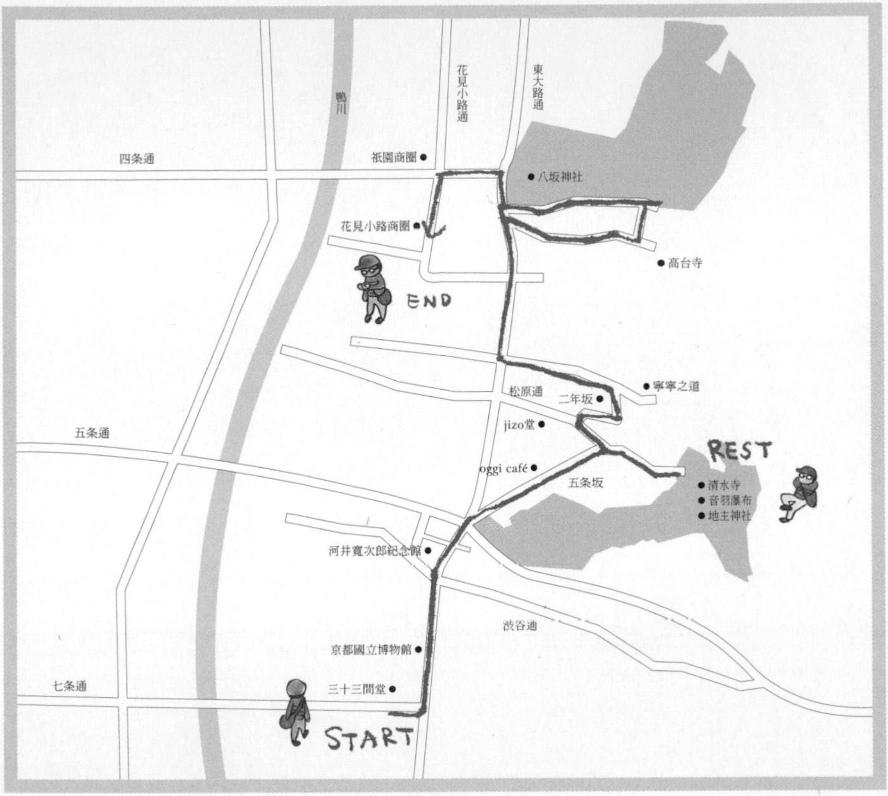

參拜神社與藝妓的散步路線

開始：三十三間堂

休息：清水寺、音羽瀑布、地主神社

結束：花見小路商圈

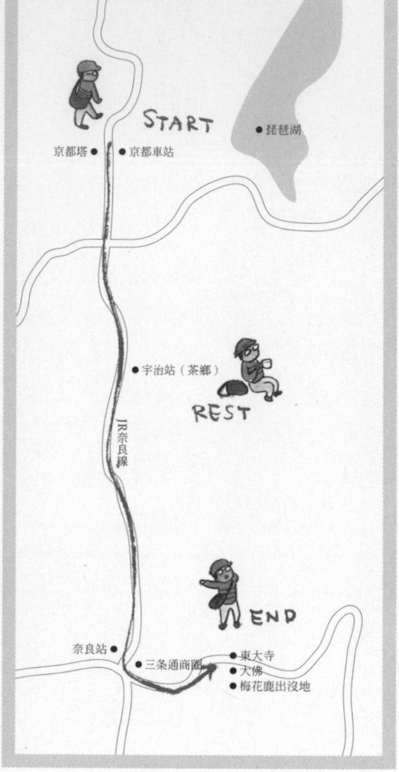

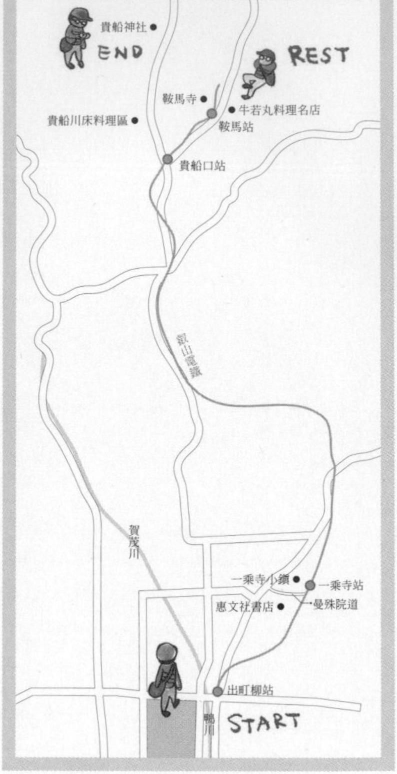

尋找梅花鹿與大佛的散步路線
開始：京都車站
休息：宇治站、茶鄉
結束：東大寺

叡山電鐵帶我去的散步路線
開始：出町柳站
休息：鞍馬寺
結束：貴船神社

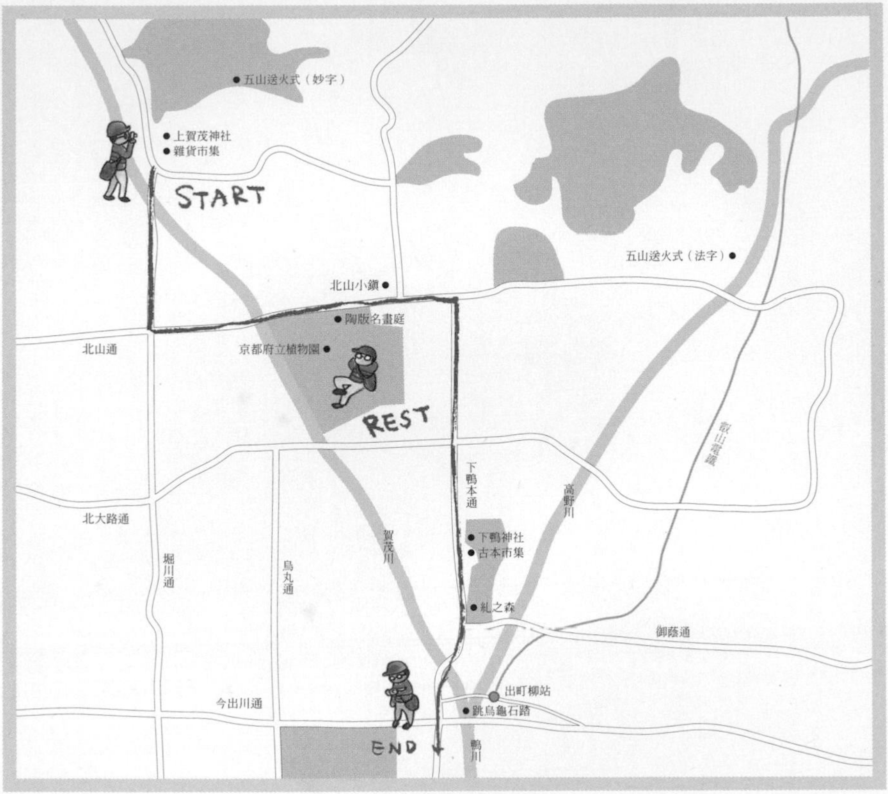

騎毛驢趕市集的散步路線

開始：上賀茂神社

休息：京都府立植物園

結束：鴨川

國家圖書館出版品預行編目

去京都學散步 / 季子弘文, 攝影. -- 初版. -- 臺北市 :
大塊文化, 2011.03　面 ;　公分. -- (catch ; 174)
ISBN 978-986-213-246-3(平裝)
1.旅遊文學 2.日本京都市

731.75219　　　　　　100002768

LOCUS

LOCUS